RÉFORME

DES

SERVICES DE LA TRÉSORERIE

ET

RÉORGANISATION

DE

L'ADMINISTRATION DES CONTRIBUTIONS DIRECTES

Par R. LEMERCIER DE JAUVELLE

DIRECTEUR DES CONTRIBUTIONS DIRECTES

DU DÉPARTEMENT DE MAINE-ET-LOIRE.

PRIX franco : 3 fr. 50

EN VENTE CHEZ M. DUMONT

36, RUE DE L'ASILE-SAINT-JOSEPH, A ANGERS (MAINE-ET-LOIRE).

—

1887

RÉFORME

SERVICES DE LA TRÉSORERIE

ET

RÉORGANISATION

DE

L'ADMINISTRATION DES CONTRIBUTIONS DIRECTES.

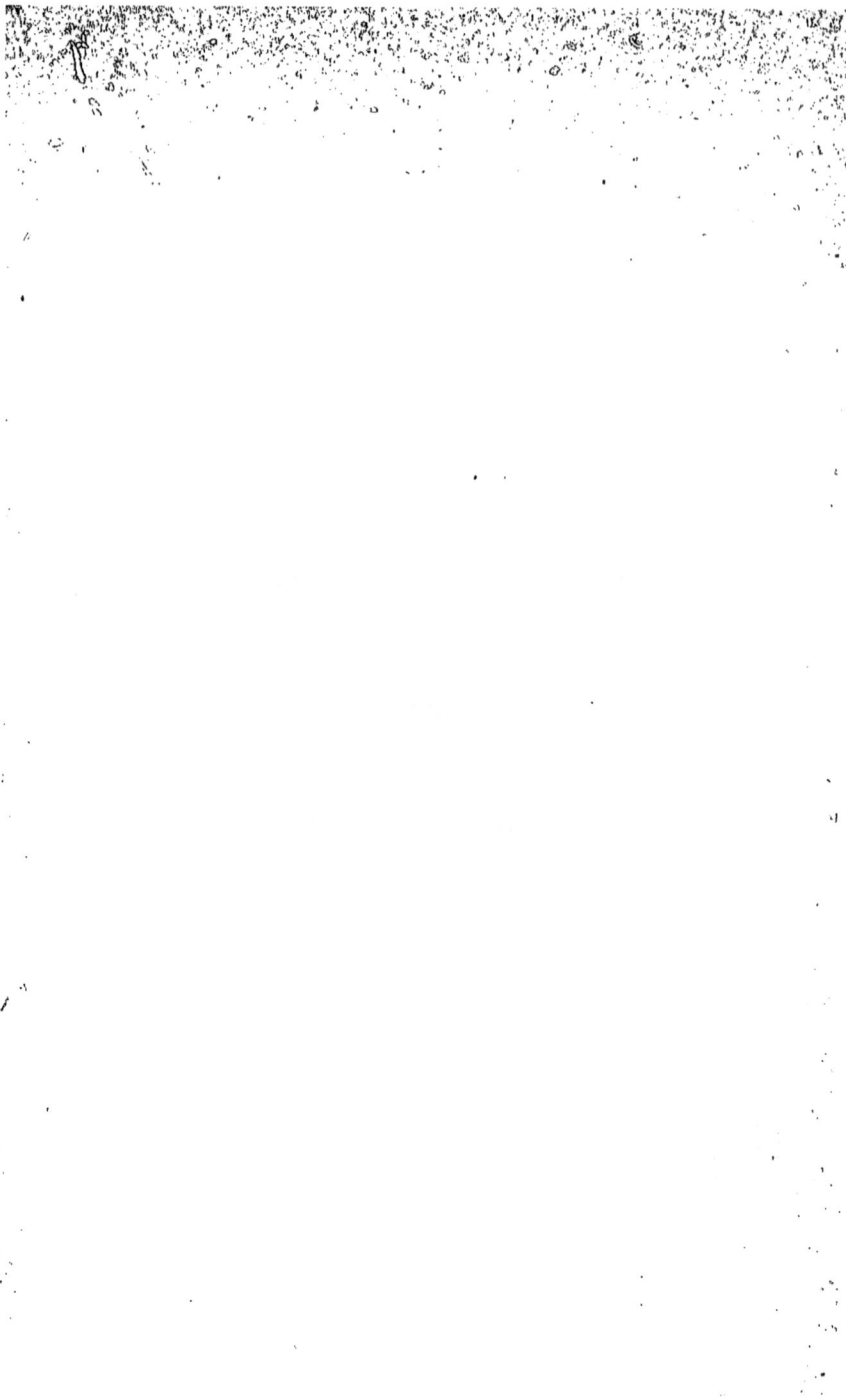

RÉFORME

DES

SERVICES DE LA TRÉSORERIE

ET

RÉORGANISATION

DE

L'ADMINISTRATION DES CONTRIBUTIONS DIRECTES

Par R. LEMERCIER DE JAUVELLE

DIRECTEUR DES CONTRIBUTIONS DIRECTES

DU DÉPARTEMENT DE MAINE-ET-LOIRE.

PRIX franco : 3 fr. 50

EN VENTE CHEZ M. DUMONT

36, RUE DE L'ASILE-SAINT-JOSEPH, A ANGERS (MAINE-ET-LOIRE).

—

1887

INTRODUCTION.

Depuis de longues années, nous pensions, avec beaucoup d'esprits soucieux des réformes et pénétrés des vrais principes du libéralisme, que certaines de nos institutions financières sont devenues surannées et qu'il serait essentiellement utile, sous un régime démocratique, de les modifier profondément. La transformation des services de la trésorerie et le problème de la fusion des services de l'assiette et du recouvrement des contributions directes avaient tout particulièrement attiré notre attention. Mais des difficultés s'opposaient à ce qu'il nous fût possible d'exprimer nos idées sur des questions de cette importance.

Le projet de budget de 1887 de M. Sadi-Carnot est venu nous donner des chiffres que nous ne savions comment nous procurer. Ce projet a fait voir notamment que l'on pouvait, sans inconvénients, supprimer les comptes courants des trésoriers généraux et substituer des traitements fixes aux remises proportionnelles. Faisant faire un grand pas à la question, il a montré que le crédit de l'État n'est subordonné en aucune façon au maintien d'un système qui a constitué, à son heure, un immense progrès sur l'état de choses qu'il remplaçait, mais qui, aujourd'hui, se trouve en contradiction flagrante avec les aspirations d'un pays libre.

Nous aidant de ce projet et nous en inspirant en partie, nous avions préparé, en juin 1886, un premier travail par lequel nous obtenions déjà une notable économie.

Plus tard, en janvier 1887, à la suite de la discussion du budget à la Chambre des Députés, nous nous sommes livré à de nouvelles études qui nous ont amené à reconnaître que notre projet primitif ne réalisait qu'une économie insuffisante et que, par là même, il ne répondait pas entièrement aux désirs de l'opinion publique. C'est alors que nous nous sommes appliqué à étudier les conditions dans lesquelles opèrent, vis-à-vis de l'État, la Banque de France et les banques similaires des pays étrangers. Cet examen nous a fait comprendre que nous possédons, dans la Banque de France, un levier d'une force incomparable, dont l'on n'a su se servir jusqu'à présent que dans les circonstances difficiles, mais dont la mesure est encore à donner dans les temps ordinaires.

Nous ne nous dissimulons pas que nous avons entrepris une tâche fort lourde ; que nous avons abordé des questions où nous n'avons que bien peu de compétence et où la ténacité et le travail ne suffisent pas toujours à remplacer le savoir et la connaissance des choses. Mais nous avons essayé de mettre à profit l'expérience que nous avons pu acquérir dans le cours de notre carrière, déjà longue, et mû par le désir de nous rendre utile à notre pays, nous sommes parvenu à élaborer un plan d'ensemble dont toutes les parties se tiennent et se complètent, qui est pratique, facilement et immédiatement réalisable et qui permet d'obtenir, sans retard, une économie considérable.

Nous avons voulu apporter une pierre à la reconstruction de l'édifice de nos institutions financières. Que d'autres plus compétents et plus autorisés suivent notre exemple et marchent dans la même voie, et l'édifice ne tardera pas à être reconstruit sur des bases solides, durables et vraiment démocratiques.

En livrant notre travail à la publicité, nous tenons à déclarer que nous n'avons aucune attache officielle et que notre œuvre nous est absolument personnelle. Si, en notre qualité de fonctionnaire et de chef de service, nous avons cru devoir demander à nos supérieurs hiérarchiques l'autorisation de publier notre projet, nous n'avons pas sollicité l'adhésion de l'Administration dont la responsabilité, dès lors, se trouve complètement dégagée.

Angers, le 10 août 1887.

R. Lemercier de Jauvelle.

PRÉAMBULE.

1

TABLEAUX DIVERS ANNEXÉS A LA PRÉSENTE LOI.

Tableau n° 1. — Tableau des villes où il existe une succursale de la Banque de France et de celles où il y aurait lieu d'établir des succursales ou des bureaux auxiliaires.

Tableau n° 2. — Tableau de répartition, par classe, des payeurs centraux et du montant, par département, des frais de personnel, de matériel et de loyer des bureaux.

Tableau n° 3. — Tableau des villes où il est établi un payeur adjoint et répartition des payeurs adjoints en classes.

Tableau n° 4. — Tableau de répartition, par département et par classe, des chefs de comptabilité, des caissiers et des employés des payeurs, rétribués directement par l'État.

Tableau n° 5. — Tableau de répartition, par classe, des directeurs des contributions directes; du montant, par département, des frais de personnel, de matériel et de loyer des bureaux et de répartition, par département, des inspecteurs et des commis de direction des contributions directes.

Tableau n° 6. — Tableau faisant connaître la répartition, par classe, des percepteurs principaux et les départements auxquels est attachée la 1re classe.

Tableau n° 7. — Tableau des villes où le service de la perception est partagé entre plusieurs percepteurs auxquels est allouée une indemnité de frais de loyer.

Tableau n° 8. — Tableau des villes, chefs-lieux d'arrondissement, où il n'existe pas de succursale de la Banque de France, aux percepteurs desquelles il est alloué une indemnité de frais d'aide et de responsabilité.

Tableau n° 9. — Tableau des percepteurs, par classe et par département, d'après la situation actuelle et d'après la nouvelle organisation.

Tableau n° 10. — Tableau de répartition des vacances annuelles des perceptions entre les candidats exceptionnels, les percepteurs surnuméraires et les percepteurs.

Tableau n° 11. — Tableau faisant connaître comment seront calculés, pour l'année 1888 et pour chacune des années suivantes, les traitements fixes des percepteurs en leur qualité de receveurs des communes, des hospices et des bureaux de bienfaisance. (Art. 1 et 2 du décret du 27 juin 1876.)

Le titre de notre projet indique le but que nous nous proposons d'atteindre.

Par la suppression des trésoriers-payeurs généraux et des receveurs particuliers des finances, par l'organisation nouvelle du service de la trésorerie et de l'administration des contributions directes, nous arrivons à donner pleine satisfaction à l'opinion publique que ces questions préoccupent plus que jamais, au moment où la difficulté d'équilibrer les budgets impose l'obligation d'entrer *résolûment* dans la voie des économies et des réformes.

Notre projet, dira-t-on peut-être, renferme un bien grand nombre d'articles de loi dont certains auraient pu en être distraits et faire l'objet d'un règlement d'administration publique ou même seulement d'un arrêté ministériel. Nous ne le pensons pas. Un règlement d'administration publique tombe en désuétude; il peut être tourné et même parfois violé; un arrêté ministériel se modifie aisément, tandis qu'on respecte la loi et que l'on n'ose pas la violer. C'est pour cette raison que nous avons tenu à placer sous l'égide de la loi, au point de vue de leur nomination et de leur avancement, les fonctionnaires dont nous allons nous occuper (1).

---

(1) A l'appui de notre opinion, nous citerons le passage suivant, extrait d'un article publié dans le *Journal des Fonctionnaires*, du 17 avril 1887, p. 192, 1re colonne.

« *Moralité.* — En France, les règles d'*exécution* de la loi sont édictées par » décret, arrêté, règlement, instruction, circulaire... En Angleterre, la loi contient » les règles de son exécution. J'envie la loi comme en Angleterre : *Una lex.* »

Nous ajouterons qu'au moment où l'on cherche à transformer nos institutions financières et où, par suite, tous les fonctionnaires sont plus ou moins inquiets des résultats que cette transformation pourra amener pour eux, il est sage de ne toucher à leur situation que par une loi. Car ceux-là même qui auront été atteints, se trouveront, une fois la loi promulguée, rassurés pour l'avenir, tandis que si l'on procède par décrets ou par arrêtés ministériels, ils verront leur situation menacée chaque jour. Opérer, autrement que par la loi une transformation aussi importante que celle dont nous nous occupons, pourrait avoir pour effet, nous le craignons, de ne pas amener à la République ceux des fonctionnaires qui ne sont pas encore avec elle et même d'en éloigner bon nombre de ceux qui lui sont dévoués.

Avant d'aborder l'examen des différents titres et des articles de notre projet, nous ferons connaître les dépenses auxquelles ont donné lieu pour l'année 1886, le budget de 1887 n'étant pas voté (1), les divers services que nous nous proposons d'organiser sur des bases nouvelles par un *système absolument pratique, immédiatement réalisable et entièrement en harmonie avec les institutions démocratiques qui nous régissent.*

Cet exposé embrassera les dépenses relatives aux trésoriers-payeurs généraux, aux receveurs particuliers des finances, aux percepteurs et aux agents du service de l'assiette des contributions directes.

1° Trésoriers-payeurs généraux.

D'après les indications extraites du projet de budget de 1887, déposé par le ministre des finances, sur le bureau de la Chambre, dans la séance du 16 mars 1886 (pp. 159, 160 du projet), le traitement des trésoriers-payeurs généraux a été établi, pour 1886, comme ci-après.

ÉMOLUMENTS BUDGÉTAIRES.

1° Traitement fixe des trésoriers-payeurs généraux et du receveur central de la Seine.................... 522.000ᶠ ⎞
⎪ 3.325.000ᶠ
2° Commissions aux trésoriers-payeurs généraux et au receveur central de la Seine. 2.803.000 ⎠

3° Remises sur les placements de fonds des communes .... 226.388 ⎞
⎪
4° Allocation à titre d'abonnement pour frais de transport de fonds .... 172.600 ⎬ 431.988
⎪
5° Commissions aux trésoriers-payeurs généraux par le budget de la Légion d'honneur. .... 33.000 ⎠

A reporter.......... 3.756.988ᶠ

(1) Notre projet a été terminé à la date du 10 janvier 1887.

Report.............. 3.756.988ᶠ

ÉMOLUMENTS EXTRA-BUDGÉTAIRES.

6° Commissions allouées par la Caisse des dépôts et consignations..............	1.034.296ᶠ	
7° Remises sur les coupes extraordinaires des bois des communes et établissements publics.............................	22.869	
8° Remises allouées au receveur central de la Seine pour l'octroi de banlieue, la taxe sur les chiens, le service départemental et la taxe de balayage...................	13.660	1.227.825
9° Remises allouées par la ville de Paris pour le payement des coupons des divers emprunts municipaux..................	160.000	
Total des émoluments.....	....	4.984.813
Si, à ce total qui représente les émoluments proprement dits, on ajoute les intérêts en compte courant de..........	7.300.000	
dont il faut retrancher le montant des intérêts payés par les trésoriers-payeurs généraux pour les fonds déposés par les particuliers, soit environ..............	2.000.000	
	5.300.000	5.300.000
On obtient comme total des émoluments et intérêts alloués actuellement aux trésoriers-payeurs généraux, une somme totale de..................................	....	10.284.813
Si l'on fait intervenir les remises du Crédit foncier de France, dont ne parle pas le ministre des finances et que M. Dreyfus dans le projet qu'il a déposé à la Chambre, dans la séance du 19 novembre 1883, évalue, p. 39, au chiffre de..................	....	1.572.200
On arrive à un total d'émoluments de..............		11.857.013ᶠ

Pour 87 trésoreries générales, y compris celle de Belfort, la moyenne des émoluments connus serait pour l'année 1886, d'au moins 136,288 fr. Dans certaines trésoreries, le chiffre des émoluments n'est pas au-dessous de la moitié de cette somme; dans d'autres, il s'élève à plusieurs centaines de mille francs.

2° Receveurs particuliers des finances.

Au projet de budget de 1887 du Ministre des finances on trouve, savoir:

Chap. 56, art. unique. — Traitements fixes des receveurs particuliers des finances; 273 recettes particulières à 2400 fr. 655.200ᶠ

Chap. 57. — Commissions aux receveurs particuliers des finances, à valoir sur les frais de personnel et de matériel à leur charge, commissions sur les recettes...... 2.905.755

} 3.560.955

TOTAL......... 3.560.955

3° Percepteurs des contributions directes.

Divers émoluments concourent à la formation des traitements des percepteurs, comme agents du Trésor, comme receveurs des communes, des hospices et des bureaux de bienfaisance et aussi pour quelques perceptions, comme receveurs autorisés des associations syndicales.

D'après l'agenda de 1886, publié par la maison Dupont, le montant total des émoluments de toute nature, attribués, en 1884, à 5,281 percepteurs, s'est élevé au chiffre de 27.942.521 fr.

Une partie de ces émoluments est servie par l'État, l'autre par les communes, les hospices, les bureaux de bienfaisance et aussi par les associations syndicales.

Au projet de budget de 1887 du Ministre des finances, la part de l'État est détaillée comme suit :

CHAP. 71, ART. 1ᵉʳ.

§ 1ᵉʳ. — Remises sur les contributions directes; ce chiffre comprend les remises proprement dites, établies d'après un tarif décroissant, sur le montant des rôles des 4 contributions, primitifs, supplémentaires et spéciaux et aussi l'allocation fixe de 22 centimes par article de rôle.......... .... 11.257.340ᶠ

§ 2. — Remises sur la taxe des biens de mainmorte... 192.510

§ 3. — Remises sur les redevances des mines........ 83.252

§ 4. — Remises sur les droits de vérification des poids et mesures et des alcoomètres...................... 13.780

§ 5. — Remises sur les droits de visite des pharmaciens et des magasins de droguerie et des fabriques et dépôts d'eaux minérales............................ 10.200ᶠ

§ 6. — Remises sur la contribution sur les voitures, chevaux, mules et mulets...................... 367.644

§ 7. — Remises sur la taxe des billards publics et privés. 35.746

§ 8. — Remises sur la taxe des cercles, sociétés, lieux de réunion................................. 44.708

§ 9. — Remises sur les droits et produits universitaires, chap. 73, art. 1ᵉʳ 159.062

Remises sur les amendes et condamnations judiciaires. 262.300

TOTAL pour la part de l'État... 12.426.542ᶠ

Le total des émoluments de 1884 étant de 27.942.521ᶠ

(Nous sommes obligé de nous servir des données de 1884, ne connaissant pas celles de 1886, ni même celles de 1885, qui sont certainement supérieures à celles de 1884; par conséquent, nous resterons au-dessous de la vérité.)

Il reste une somme de........ 15.515.979

pour la part que fournissent dans les émoluments, les communes, les hospices, les bureaux de bienfaisance et aussi (mais pour une bien faible partie et que nous ne savons pas) les associations syndicales.

Or, ce total de 15.515.979 fr. peut se décomposer en deux parties, savoir :

1º Restitution pour frais de perception des impositions communales (chap. 7, art. 1ᵉʳ, § 5, du projet de budget sur ressources spéciales)........................ 4.932.925

2º Part que fournissent, comme traitements fixes, les communes et les établissements hospitaliers et comme remises, les associations syndicales................ 10.583.054

Il faut ajouter, comme rentrant dans les émoluments des percepteurs, la somme de 200.000 fr. portée au chapitre 75, secours aux percepteurs réformés, aux veuves et orphelins des percepteurs, et comme se rapportant au service de la perception, la somme de 469.000 fr., portée au projet de budget de 1887, pour indemnités et secours aux porteurs de contraintes, ce qui donne pour le total des émoluments des percepteurs, à servir par l'État :

$$12.426.542 + 200.000 + 469.000 = 13.095.542.$$

Il convient d'y ajouter encore la somme de 449.356 fr., pour frais de distribution des avertissements aux contribuables, à raison de 2 centimes par article de rôle, ce qui donne pour la part totale de l'État 13.544.898 fr.

4° Administration des contributions directes.

(Service de l'assiette.)

Au projet de budget de 1887 du Ministre des finances, les traitements et indemnités alloués aux agents du service de l'assiette des contributions directes sont établis de la manière suivante :

CHAPITRE 62. — PERSONNEL.

Art. 1er. — Traitements	86 directeurs	682.000f	
	98 inspecteurs	525.000	3.747.100f
	1015 premiers commis de direction et contrôleurs	2.540.100	
Art. 2. — Indemnités aux agents chargés d'intérims et de missions diverses			12.000
Art. 3. — Indemnités à 100 surnuméraires			60.000
TOTAL			3.819.100f
A déduire pour vacances d'emplois			8.000
RESTE à reporter			3.811.100f

Report........... 3.814.400ᶠ

CHAPITRE 63. — DÉPENSES DIVERSES.

Art. 1ᵉʳ. — Frais de tournées....... { §1ᵉʳ. — Frais de tournées des inspecteurs.	122.000	927.050ᶠ
§2.—Frais de tournées des contrôleurs.....	805.050	
Art. 2. — Frais de bureau des directeurs.		461.480
Art. 3. — Secours et dépenses imprévues.		21.500
TOTAL..........		1.410.030ᶠ
TOTAL GÉNÉRAL........		5.221.130ᶠ

Nous résumerons dans un tableau les données que nous venons d'indiquer :

PARTIES PRENANTES.	ÉMOLUMENTS SERVIS			OBSERVATIONS.
	par l'État.	par les communes et les établissements hospitaliers.	TOTAL.	
Trésoriers - payeurs généraux	10.284.813	D	10.284.813	Nous ne parlons pas des 1,572.200ᶠ provenant du Crédit foncier de France.
Receveurs particuliers des finances.	3.560.935	D	3.560.935	
Percepteurs des contributions directes...........	13.544.898	15.515.979	29.060.677	
Administration des contributions directes ; service de l'assiette........	5.221.130	D	5.221.130	
TOTAUX...	32.611.796	15.515.979	48.127.775	

RÉFORME

DES

SERVICES DE LA TRÉSORERIE

ET

RÉORGANISATION

DE

L'ADMINISTRATION DES CONTRIBUTIONS DIRECTES.

TITRE Ier.

SERVICES DE LA TRÉSORERIE.

SECTION Ire.

Suppression des trésoriers-payeurs généraux et des receveurs particuliers des finances.

Art. 1er du projet de loi. — Cet article n'a pas besoin de longs commentaires.

Les trésoriers-payeurs généraux ont rendu au pays de grands services; il serait injuste de le méconnaître. Mais il faut dire aussi que ces services ont été largement rémunérés par des situations exceptionnelles, dont les plus modestes de l'heure présente constitueraient encore une aisance suffisante, presque une petite fortune, pour le plus grand nombre des fonctionnaires.

La suppression des trésoriers-payeurs généraux s'impose; si elle n'est pas faite aujourd'hui, elle le sera demain fatalement; l'institution est condamnée par l'opinion publique et elle ne se relèvera pas de cette décision. Et ce qui le prouve en partie, c'est que le projet du Ministre des finances, à l'occasion de la présentation du budget de 1887, n'a pu aboutir, quoiqu'il réalisât un réel progrès sur l'état de choses actuel, et cela, nous nous permettrons de le dire, parce qu'il ne répondait qu'incomplètement aux exigences de l'opinion qui réclame une réforme plus radicale.

Cette réforme, nous la proposons, et rous proposons aussi les moyens de l'accomplir.

Nous n'avons pas la prétention de croire que notre projet soit parfait ; le temps nous a manqué pour le rendre meilleur, et il faut le dire aussi, la compétence en certaines matières.

Mais, tel qu'il est, il forme un tout complet. Il ne se borne pas seulement à démolir, comme le font bien des projets à l'heure actuelle ; il introduit une organisation nouvelle qui peut être appliquée de suite, avec facilité et sans beaucoup de tâtonnements ; tout en supprimant de grands abus, il permet de réaliser une notable économie et quel que soit le sort que l'avenir lui réserve, il aura au moins le mérite, nous osons l'espérer, d'avoir aidé à l'accomplissement de réformes devenues indispensables.

Nous dirons, plus loin, en parlant du rôle que nous voulons donner à la Banque de France, comment nous sommes d'avis de répartir les attributions et les fonctions actuelles des trésoriers-payeurs généraux.

Au titre III, en nous occupant des percepteurs, nous traiterons de la question de responsabilité au point de vue du recouvrement des contributions directes, en faisant voir que cette responsabilité, qui est invoquée avec tant d'insistance pour le maintien du *statu quo*, est bien plus apparente que réelle. Nous ferons connaître aussi comment nous prétendons arriver à ne diminuer en rien les garanties de l'État, en ce qui a trait au recouvrement des impôts directs. .

Art. 2 du projet de loi. — La suppression des receveurs particuliers des finances s'impose tout autant que la suppression des trésoriers-payeurs généraux, et elle est réclamée dans tous les projets émanant de l'initiative parlementaire de M. Marcel Barthe, de M. Dreyfus, etc. Le *Journal des Fonctionnaires* a plusieurs fois aussi publié des articles dans ce sens.

Quel est, en effet, le rôle de ces fonctionnaires ? Ils sont les chefs de service des percepteurs de l'arrondissement, et ils ont, au point de vue des recettes et des dépenses publiques, certaines des attributions dévolues aux trésoriers-payeurs généraux.

Une des raisons que l'on fait valoir pour leur maintien, c'est qu'ils sont responsables des percepteurs placés sous leurs ordres; nous expliquerons au titre III, que cette solidarité qui à une certaine époque a pu avoir d'excellents effets, n'a plus sa raison d'être aujourd'hui avec notre organisation nouvelle.

S'agit-il de donner des ordres aux percepteurs, de les diriger? Mais le directeur des contributions directes, placé au centre du département, le fera tout aussi bien, et même souvent mieux que ne peuvent le faire les receveurs des finances, puisqu'il aura à sa disposition des contrôleurs et des inspecteurs qui auront pour mission de veiller au recouvrement de l'impôt; de constamment surveiller et vérifier les percepteurs.

En ce qui concerne les recettes des fonds publics, les receveurs des finances reçoivent les versements des percepteurs et des différents comptables de l'arrondissement; nous proposons que tous les versements de cette nature soient faits, sans déplacement pour les comptables, à la succursale de la Banque de France, soit directement, soit par l'intermédiaire de l'administration des postes, comme service public gratuit.

Quant aux recettes d'une autre nature, par exemple les dépôts pour achats de rentes sur l'État, de valeurs sur le Trésor, elles seront effectuées, quand il n'y aura pas de succursale de la Banque de France au chef-lieu de l'arrondissement, entre les mains du percepteur de ce chef-lieu, qui devra immédiatement transmettre les fonds à la succursale de la Banque, toujours par la voie de la poste comme service public gratuit. Nous ne diminuons en rien, du reste, les garanties des parties versantes ni celles de l'État.

Il reste la question des dépenses publiques de l'arrondissement. Mais le percepteur pourra les effectuer tout aussi bien et à meilleur compte que ne le faisait le receveur des finances.

Les receveurs particuliers des finances constituent donc un rouage qui nous paraît tout à fait inutile et dont la suppression permettra de réaliser une économie de plus de 3 millions.

SECTIONS II ET III.

Rôle de la Banque de France, payement des dépenses, etc.
Observations générales.

M. Dreyfus a déposé, le 19 novembre 1885 (annexe n° 67), une proposition de loi ayant pour objet de supprimer les trésoriers-payeurs généraux et les receveurs particuliers des finances, et de conférer leurs fonctions et attributions à la Banque de France, agissant comme caissier de l'État et au directeur des contributions directes, agissant comme chef des services de l'assiette et du recouvrement des contributions directes et comme agent du Trésor.

L'exposé des motifs présente des considérations d'un ordre élevé qui sont de na:.ᵉ à peser d'un grand poids dans la décision à intervenir. M. Dreyfus, d'ailleurs, en dehors de l'autorité qui s'attache à ses travaux personnels en matière de finances, s'appuie sur l'opinion de personnes compétentes qui, depuis de longues années, se sont occupées de cette question, tels que M. de la Bouillerie, M. de Courcelles, MM. Rive, Christofle et de Marcère, M. Hervé de Saisy, M. Marcel Barthe notamment qui, l'un des premiers, a eu le courage d'aborder ce sujet, etc.

Tous ces hommes éminents sont d'accord ou à peu près, sur deux points, la suppression des trésoriers-payeurs généraux et des receveurs particuliers des finances et le rattachement des percepteurs à l'administration des contributions directes, sous l'autorité du directeur départemental qui deviendrait ainsi, comme dans toutes les régies financières existantes, le chef des services de l'assiette et du recouvrement (1).

Envisagé à ce point de vue général, le projet de M. Dreyfus paraît donc répondre entièrement aux exigences de l'opinion publique.

Mais où nous ne pouvons pas partager complètement sa manière de voir, c'est dans le rôle complexe qu'il donne à la Banque de France.

(1) Le *Journal des Fonctionnaires* a traité, plusieurs fois, dans le même sens, cette question de la réunion, sous un même chef, des services de l'assiette et du recouvrement des contributions directes.

Nous entrerons à ce sujet dans certains développements et nous exposerons ce qui, dans la proposition de M. Dreyfus, nous paraît devoir être adopté, comme pratique et réalisable, au point de vue de l'intervention de la Banque de France.

De la Banque de France.

La Banque de France est une institution financière de premier ordre, sans contredit, et en maintes circonstances, elle a rendu à l'État de grands et réels services. Le privilège dont elle est investie lui donne une situation tout à fait particulière. Mais après tout, ce n'est qu'une Société de crédit privée, la plus puissante de toutes, c'est possible, mais n'ayant pour le moment avec l'État que des attaches qui la rendent à peu près indépendante.

L'État actuellement est placé vis-à-vis de la Banque de France dans la même situation que tout particulier ayant un compte courant ouvert sur ses livres. Les opérations auxquelles donne lieu ce compte courant, ouvert à Paris et dans les succursales, ne se distinguent que par l'importance des sommes et la qualité des parties versantes, de tout autre compte ouvert à un banquier.

Nous aurons l'occasion de parler, au titre VI, des traités du 10 juin 1857 et du 29 mars 1878.

Conférer à la Banque de France toutes les fonctions des trésoriers-payeurs généraux, comme caissier de l'État, c'est-à-dire lui faire centraliser toutes les recettes et lui faire effectuer toutes les dépenses publiques, serait tout à fait la rattacher à l'État. Ce qui fait la force de la Banque, c'est que, tout en étant placée à côté de l'État de qui elle tient un monopole qui en fait une société financière à part, elle en est néanmoins complètement indépendante et qu'elle se meut par elle-même dans la sphère des opérations auxquelles les lois qui l'ont établie, l'ont autorisée à se livrer.

Le jour où la Banque de France deviendrait le caissier de l'État, *dans les termes de la proposition de M. Dreyfus*, elle se trouverait, par là même, intimement liée à l'État et elle prendrait le caractère de banque d'État. Et si de mauvais jours devaient nous venir encore, elle pourrait être atteinte elle-même et ne plus se trouver en mesure d'aider le crédit public à se relever, tandis que, en maintes circonstances, elle a pu, grâce surtout à son indépendance, apporter à l'État un grand secours et lui rendre d'importants services. Nous ne sommes pas pessimiste, mais il est utile de voir quelquefois les choses en noir, et il pourrait arriver que les billets de banque si recherchés et si appréciés de tout temps, perdraient alors de leur valeur fiduciaire et se rapprocheraient des assignats.

Est-ce une raison pour ne pas faire intervenir la Banque de France dans des conditions différentes de celles où elle intervient aujourd'hui ? Nous ne le pensons pas.

La Banque de France, ne l'oublions pas, est avant tout une société financière. Cherchons donc quelles sont les opérations dont elle pourrait être chargée en cette qualité, comme pourrait l'être toute autre société de crédit, sans pour cela s'immiscer en rien dans les affaires de l'État, et surtout sans avoir à s'occuper en rien de ce qui touche à la partie purement administrative et de ce qui peut tendre à assurer les règles de la comptabilité publique.

En ce moment, l'État a deux banquiers, les trésoriers-payeurs généraux et la Banque de France. Si nous supprimons les trésoriers généraux, il ne reste plus que la Banque de France, et c'est assez, vu la puissance et la solidité de cette institution.

Le privilège de la Banque de France expire le 31 décembre 1897, et, suivant les usages reçus, c'est dix ans avant son expiration, c'est-à-dire dans le courant de l'année 1887, qu'il y aura lieu d'examiner dans quelles conditions ce privilège sera à renouveler. Le moment est donc bien choisi, et M. Dreyfus l'a bien compris, en présentant son projet à l'heure opportune, pour profiter de ce renouvellement et pour imposer à la Banque certaines conditions nouvelles.

Attributions et fonctions actuelles des trésoriers-payeurs généraux.

Puisqu'il s'agit de supprimer les trésoriers-payeurs généraux, voyons quelles sont actuellement leurs attributions et leurs fonctions, et cherchons celles qui pourraient sans inconvénients pour l'État être conférées à une société financière quelconque.

Nous serons obligé d'entrer à cet endroit dans des développements un peu étendus peut-être; mais nous les croyons indispensables à l'étude de la question (1).

Les trésoriers-payeurs généraux n'existent sous ce nom que depuis le 21 novembre 1865; ils ont réuni à cette époque les services de deux comptables distincts, le *receveur général* qui centralisait les recettes du département et le *payeur* qui acquittait les dépenses.

Leurs attributions et leurs fonctions sont multiples, ainsi que l'indique leur titre même; ils sont chargés, non seulement de centraliser, dans leurs écritures, les produits des contributions directes et des divers revenus publics budgétaires, mais encore d'acquitter toutes les dépenses, à l'exception toutefois des frais de perception des quatre régies financières existantes (enregistrement, contributions indirectes, douanes, postes et télégraphes); ils doivent, en outre, chacun dans son département, diriger le *service de trésorerie*.

Les trésoriers-payeurs généraux ont à encaisser directement ou par les agents placés sous leurs ordres (receveurs des finances, percepteurs et receveurs spéciaux des communes et des établissements publics) les contributions directes, les taxes y assimilées; le produit des amendes et des condamnations judiciaires et un grand nombre de produits divers du budget, tous ceux dont le recouvrement n'est pas effectué spécialement par les receveurs des quatre régies financières que nous avons énumérées plus haut.

Nous citerons, parmi ces produits divers, les suivants : produits universitaires; taxe des brevets d'invention; produit de la vente des publications du Gouvernement; revenus d'établissements spéciaux (écoles vétérinaires, haras, écoles régionales des arts-et-métiers); produits des écoles du Gouvernement (Saint-Cyr, etc.); bénéfices réalisés par les chemins de fer de l'État; produits du volontariat d'un an; produits des permis de chasse, des droits de passeport à l'étranger; produits des maisons centrales, de force et de correction, etc. Il faut ajouter les taxes perçues au profit des départements et des communautés d'habitants dûment autorisées, les taxes pour l'entretien des bourses et chambres de commerce, etc.

(1) Nous avons emprunté une partie de nos explications à l'ouvrage si clair et si méthodique de M. Josat, *le Ministère des Finances et son fonctionnement*, 2e édition 1888, Berger-Levrault et Cie.

Il sont chargés de payer toutes les dépenses budgétaires (sauf en ce qui concerne les quatre régies financières). Les ordonnateurs secondaires délivrent, au nom des créanciers de l'État, des ordonnances ou mandats de payement, et les trésoriers généraux sont chargés d'en effectuer le payement. Ils soldent eux-mêmes le montant de ces mandats ou les visent *Bon à payer* à la caisse des receveurs particuliers ou des percepteurs; toutefois, lorsque ces derniers payent, c'est toujours pour le compte des trésoriers généraux qui, seuls, constatent la dépense dans leurs écritures ; quant aux receveurs des finances et aux percepteurs qui ont acquitté les mandats, ils les comprennent dans leurs versements comme de l'argent comptant.

Les trésoriers généraux sont chargés du *service de la trésorerie*, c'est-à-dire de toutes les opérations qui ont pour but de mettre les ressources nécessaires à la disposition des comptables chargés d'acquitter la dépense, soit par la création de ces ressources, soit par le transport de fonds, dans la caisse même chargée de solder la dépense.

Une des attributions capitales des trésoriers-payeurs généraux, c'est *la centralisation de toutes les recettes effectuées dans le département*. En effet, c'est à la trésorerie générale du département, directement ou par l'intermédiaire des receveurs particuliers des finances, que les receveurs de l'enregistrement, des contributions indirectes, des douanes, des postes et télégraphes versent le montant de toutes leurs recettes. Toutefois, si les trésoriers généraux encaissent ainsi matériellement les produits des revenus indirects, ce sont les receveurs des diverses régies financières qui imputent les recettes dans leurs écritures et en rendent compte; les trésoriers généraux constatent seulement qu'ils ont reçu telle somme des receveurs des régies financières, lesquels dans leurs écritures classent ces produits par nature de revenus.

Lorsque ces ressources ont été réalisées, les trésoriers généraux doivent les appliquer à l'acquittement des dépenses et mettre l'excédent, s'il en existe, à la disposition du Trésor. A cet effet, ils peuvent soit verser dans les succursales de la Banque de France, au compte du Trésor, les sommes qui ne sont pas nécessaires aux besoins de leur service, soit adresser au caissier du Trésor à Paris des valeurs ou effets à recouvrer.

Il leur est tenu compte de l'intérêt de leurs avances, et par contre ils ont à payer l'intérêt des sommes conservées par eux. A cet effet, un *compte courant* avec intérêts réciproques, est ouvert entre le Trésor et chaque trésorier général; ce dernier y est *crédité* de toutes les sommes qu'il reçoit pour le compte du Trésor et il est *débité* de toutes les sommes qu'il paye pour le compte du Trésor.

Outre l'obligation d'avoir toujours à leur *crédit* une somme au moins égale au montant de leur cautionnement, les trésoriers généraux peuvent mettre à la disposition du Trésor les avances qui leur sont fournies au moyen des sommes et valeurs à eux confiées par des particuliers, sommes qu'ils encaissent avec celles qui leur appartiennent en propre, sous la désignation de *fonds particuliers*.

Il faut ajouter que l'État reçoit en dépôt les fonds libres des communes et des établissements publics et leur en paye l'intérêt. Les trésoriers généraux sont chargés de ce service; ils encaissent les fonds qui leur sont versés par les receveurs municipaux pour le compte des communes et ils remboursent ces fonds sur mandats délivrés par le maire et le préfet. Il en est de même en ce qui a trait à la Caisse des dépôts et consignations, à la grande chancellerie de la Légion d'honneur, au trésorier général des Invalides de la marine; les trésoriers généraux font toutes les recettes et les dépenses afférentes à ces administrations publiques qui les rému- nèrent par des remises sur le montant de leurs opérations.

Les trésoriers-payeurs généraux sont obligés aussi d'effectuer, pour le compte des particuliers, le service des achats et ventes de rentes; quoique ce soit là une obligation pour eux, ces opérations ne sont point faites pour le compte du Trésor, et les trésoriers généraux, bien que ces opérations soient gratuites, en demeurent seuls responsables.

Les attributions et les fonctions des trésoriers-payeurs généraux peuvent se résumer comme ci-après :

1° Ils sont les chefs de service des agents (receveurs particuliers des finances, percepteurs, receveurs spéciaux des communes, des hospices et des bureaux de bienfaisance) chargés du recouvrement des contributions directes et des taxes y assimilées, ainsi que d'un grand nombre de revenus publics (autres que ceux qui sont recouvrés par les receveurs des quatre régies financières énumérées d'autre part), et ils assurent le recouvrement de ces produits, sous leur propre responsabilité (1);

2° Ils sont chargés de pourvoir aux dépenses publiques, pour le compte de l'État, du département, des communes et des établissements publics, sans avoir à s'occuper en rien des payements faits par les receveurs des régies financières, lesquels seulement peuvent leur réclamer des fonds de subvention (Voir plus loin, 6°);

3° Ils reçoivent, en compte courant, pour le compte du Trésor, les sommes versées par les communes et les établissements publics de leur département;

4° Ils effectuent, dans leur département, tous les recouvrements et tous les payements pour le compte de la Caisse des dépôts et consignations, de la grande chancellerie de la Légion d'honneur et du trésorier général des Invalides de la marine;

5° Ils sont chargés de tous recouvrements et payements pour le compte du caissier payeur central du Trésor et pour celui du payeur central de la dette publique, achat et vente de titres de rentes, payement des arrérages des rentes nominatives, des rentes viagères et des pensions de toute sorte; des coupons de rentes mixtes ou au porteur, des coupons des valeurs du Trésor, etc.;

6° Ils reçoivent et encaissent les versements de toutes les recettes effectuées par les receveurs des régies financières et fournissent aussi à ces derniers les fonds de subvention qui leur sont nécessaires pour assurer le fonctionnement de leurs services;

7° Ils mettent à la disposition de l'État les ressources réalisées et centralisées par eux, au moyen d'un compte courant avec le le Trésor, ouvert contradictoirement dans leur propre comptabilité et dans celle de l'administration centrale du Ministère des finances, direction du mouvement général des fonds;

8° Ils sont chargés, d'une manière générale et permanente, de recevoir les fonds destinés à être placés en bons du Trésor et de rembourser les valeurs à l'échéance;

(1) Nous parlerons au titre III, section VII, en nous occupant des percepteurs, de la responsabilité des trésoriers-payeurs généraux et de celle des agents placés sous leurs ordres, en ce qui concerne le recouvrement des rôles des contributions directes et des taxes y assimilées.

9° Ils opèrent, sans frais autres que ceux de courtage, justifiés par bordereaux d'agents de change, et sous leur propre responsabilité, les achats et ventes de rentes pour le compte des particuliers, des communes et des établissements publics ;

10° Ils sont les banquiers attitrés du Crédit foncier de France. Une circulaire du Ministre des finances (direction du mouvement des fonds), en date du 27 janvier 1854, leur a confié ce service et leur a enjoint de se mettre à la disposition du Crédit foncier pour toutes les opérations de caisse. Le Crédit foncier a donc chez chacun d'eux un compte courant ouvert, dont le crédit ou le débit, s'il y a lieu, porte intérêt à un taux convenu. C'est à ce compte que sont portés les payements faits, en l'acquit de la société, aux porteurs d'obligations, pour les coupons, les primes, etc., et les versements d'annuités opérés par les emprunteurs. C'est aux guichets des trésoriers généraux que s'opèrent les émissions d'obligations. Le siège central correspond avec eux, au moyen de circulaires qui doivent être, avant expédition, approuvées et visées par le directeur général de la comptabilité publique au Ministère des finances ;

Pour ces diverses opérations, les trésoriers-payeurs généraux utilisent le concours des agents placés sous leurs ordres, receveurs des finances et percepteurs ;

11° Ils sont chargés aussi, avec l'autorisation du Gouvernement, de toutes les opérations de caisse concernant la ville de Paris.

***

Répartition des attributions et des fonctions des trésoriers-payeurs généraux.

Des attributions et des fonctions des trésoriers-payeurs généraux, nous faisons trois parts : 1° Part revenant au directeur des contributions directes; 2° part revenant au payeur central; 3° part revenant à la Banque de France.

1° *Part revenant au directeur des contributions directes.*

Le directeur des contributions directes devient le chef de service des agents de l'assiette et des agents du recouvrement des contributions directes et des taxes y assimilées.

Il assure le recouvrement des produits des amendes et condamnations judiciaires et des autres produits divers du budget qui ne sont pas recouvrés par les receveurs des quatre régies financières actuellement existantes.

Comme il ne peut cumuler les fonctions d'ordonnateur secondaire et de comptable, nous plaçons à côté de lui, au chef-lieu du département, un percepteur principal. Ce dernier, en sus de ses obligations comme percepteur, a pour mission de centraliser dans ses écritures, les recettes et les dépenses de tous les percepteurs et receveurs spéciaux du département, de contrôler les dépenses et de transmettre le dépouillement de ses écritures au directeur qui les vérifie et en adresse le compte rendu au Ministère des finances.

C'est ainsi que cela se pratique aujourd'hui dans les quatre régies financières, et, à côté des directeurs, chefs de service, sont placés des comptables qui centralisent les écritures, en recettes et en dépenses. L'administration des contributions directes, sous les ordres du directeur, devient ainsi une cinquième régie financière, ayant une existence propre, de même que celles qui existaient avant elle.

Les percepteurs, sous l'autorité et la surveillance du directeur, continuent d'acquitter les dépenses publiques autres que celles relatives aux quatre régies financières dont les dépenses sont acquittées par les receveurs de ces régies.

Ils concourent aussi, pour le compte de la Banque de France, au payement des arrérages de la dette publique, absolument comme ils le font aujourd'hui pour le compte des trésoriers-payeurs généraux.

2° *Part revenant au payeur central.*

Nous croyons indispensable de créer un fonctionnaire spécial de l'État (nous le nommerons payeur central) qui assure le payement de toutes les dépenses publiques autres que celles acquittées pour leurs services respectifs par les régies financières portées au nombre de cinq et qui assure aussi les dépenses du département.

Il n'y a, à notre avis, qu'un fonctionnaire de l'État qui, au point de vue administratif, puisse assurer le contrôle de ces dépenses et faire observer et respecter les règles de la comptabilité publique.

Le payeur central aura fort à faire encore. S'il n'a pas à s'occuper des services des cinq régies financières, il aura un champ assez vaste dans l'acquittement, après contrôle, des dépenses publiques concernant les Ministères de la guerre, des affaires étrangères, de l'intérieur, de la justice, de la marine et des colonies, de l'instruction publique, des beaux-arts et des cultes, du commerce et de l'agriculture. Il aura à assurer aussi le service des pensions civiles, du remboursement des cautionnements, des dépenses départementales. Il remplira, à cet endroit, toutes les fonctions qui sont dévolues aux trésoriers-payeurs généraux.

Nous lui donnons encore à assurer le payement des dépenses des administrations publiques : Caisse des dépôts et consignations, grande chancellerie de la Légion d'honneur, trésorier général des Invalides de la marine.

Les versements à faire à la Caisse des dépôts et consignations ne pouvant être acceptés que dans certaines conditions prévues par les lois et règlements, nous faisons sortir à cet égard le payeur central de ses attributions, qui consistent dans le contrôle et l'acquittement des dépenses, et lui donnons la mission de remplir le rôle que joue aujourd'hui le trésorier général, en exigeant que les versements à cette caisse ne puissent être reçus par la Banque de France ou par le percepteur de la ville chef-lieu de département ou d'arrondissement où il n'existe pas de succursale de la Banque, que sur le *Vu bon à recevoir* du payeur central, après examen préalable des dossiers.

Ces dernières attributions ne peuvent vraiment être confiées au directeur des contributions directes dont les obligations seront singulièrement augmentées par sa nouvelle situation, et le payeur central nous paraît seul apte, au point de vue administratif, à l'examen des questions souvent fort délicates qu'entraînent les versements à la Caisse des dépôts et consignations.

Pour empêcher que le service de la dépense ne vienne à souffrir ou ne soit une charge trop lourde pour les percepteurs, nous créons un certain nombre de payeurs adjoints qui, sous l'autorité du payeur central, assureront le payement des dépenses publiques dans des villes où ces dépenses sont fort importantes, telles que le Havre, Rochefort, Lorient, Cherbourg, etc.

3° *Part revenant à la Banque de France.*

Nous donnons à la Banque de France toutes les attributions qui pourraient être confiées à une société financière quelconque et nous en faisons le vrai et le seul banquier de l'État.

Elle encaisse les versements des comptables des cinq régies financières, soit directement pour les comptables qui résident au siège d'une succursale, soit pour les autres comptables du département, par l'intermédiaire de l'administration des postes, comme service public gratuit.

Elle encaisse les sommes versées au compte du Trésor par les communes et les établissements publics.

Elle encaisse, sur le *Vu bon à recevoir* du payeur central, les sommes versées au compte de la Caisse des dépôts et consignations.

Elle encaisse les sommes versées pour le compte de la grande chancellerie de la Légion d'honneur et du trésorier général des Invalides de la marine.

Elle encaisse les fonds destinés à être placés en valeurs du Trésor; elle délivre les bons du Trésor et plus tard les rembourse à l'échéance.

Elle est chargée, au lieu et place du trésorier-payeur général, des achats et ventes de rentes sur l'État, pour le compte des particuliers, des communes et des établissements publics.

Elle remet des fonds de subvention au payeur central, sur sa réquisition écrite, et elle en transmet au payeur adjoint et aux percepteurs, sur la réquisition écrite, pour les premiers, du payeur central, pour les autres, du directeur des contributions directes, par l'intermédiaire de l'administration des postes, comme service public gratuit.

C'est elle qui paye, soit directement, à la caisse de chaque succursale, soit pour son compte, par l'intermédiaire des percepteurs, les arrérages de la dette publique.

Elle est substituée au trésorier-payeur général pour toutes les opérations de caisse à effectuer pour le compte du Crédit foncier de France et de la ville de Paris. (Voir titre VI.)

Toutes ces opérations que nous confions à la Banque de France peuvent se classer en quatre séries principales, savoir :

Encaissement des sommes versées par les comptables des cinq régies financières, et pour le compte des grandes administrations publiques ;

Remise et envoi de fonds de subvention pour l'acquittement des dépenses publiques ;

Placement des bons du Trésor ; remboursement de ces bons ; achats et ventes de rentes sur l'État ; payement des arrérages de la dette publique ;

Opérations de caisse pour le compte du Crédit foncier de France et de la ville de Paris.

Il n'est aucune de ces opérations qui ne rentre dans la catégorie de celles qui pourraient être confiées à un banquier quelconque. Si nous faisons intervenir la Banque de France plutôt qu'une autre société financière, le Crédit lyonnais ou la Société générale, par exemple, c'est que, d'une part, la Banque de France offre incontestablement plus de garanties que les sociétés de crédit qui existent actuellement ; que d'autre part, en raison du renouvellement du privilège et aussi de l'apport par l'État des clientèles importantes du Crédit foncier de France et de la ville de Paris et de divers autres avantages, il nous paraît possible d'amener la Banque à consentir à se charger gratuitement de tous ces services.

Sur ce terrain fort étendu déjà, quoiqu'il soit limité aux seules opérations dont l'État pourrait charger une autre institution financière, nous nous trouvons pleinement d'accord avec M. Dreyfus et nous avons expliqué qu'à notre point de vue il ne nous paraîtrait ni sage ni pratique d'aller au-delà.

M. Dreyfus, dans son projet, s'appuie surtout sur ce qui se fait en Belgique (notons en passant que ce qui peut être facile dans un petit pays l'est bien moins dans un grand pays comme le nôtre), et il présente un exposé clair et détaillé du mode d'opérer de la Banque nationale de Belgique, agissant comme caissier de l'État, au point de vue des recettes et des dépenses publiques.

Nous sommes peu partisan, en général, d'aller chercher des exemples à l'étranger. Car, le plus souvent, les situations qui, au premier abord semblent analogues, ne présentent qu'une analogie plus apparente que réelle, et ce qui est accepté comme bon dans un

pays peut être mauvais dans un autre par suite de la dissemblance
des milieux et des moyens d'action. Cependant l'examen des conditions générales dans lesquelles opèrent, à l'étranger, dans leurs
rapports avec l'État, les banques qui offrent une certaine similitude
avec la Banque de France, peut être de nature à jeter de la lumière
sur la question, et nous ne croyons pas inutile d'examiner, dans ses
grandes lignes, le rôle de ces banques, en Allemagne, en Angleterre,
en Russie et en Belgique (1).

En Allemagne, la *Banque de l'Empire*, dont le siège social est
à Berlin, n'est pas une banque d'État, en ce sens que son capital
est formé par actions et que les actionnaires prennent part à son
administration. Elle est cependant placée sous la surveillance et la
direction de l'Empire qui participe à ses bénéfices, et la direction en
est confiée au chancelier de l'Empire, ce qui indique l'importance
attachée à l'ingérence du Gouvernement allemand dans cette banque.

Elle est chargée à titre gratuit des fonctions de caissier de
l'Empire.

La *Banque d'Angleterre* peut être considérée, malgré son
caractère privé, comme un rouage du Gouvernement anglais. Elle
a deux attributions bien distinctes. Elle est à la fois le banquier du
public et le banquier de l'État.

En cette dernière qualité, elle est chargée d'effectuer pour le
compte du Trésor toutes les opérations de finances qu'il peut avoir
à réaliser. Elle tient aussi les comptes des différents porteurs des
fonds publics; elle fait les opérations de transfert et paye les intérêts
de la dette publique; elle assure la circulation des bons de l'Échiquier
et fait l'avance au Trésor du montant de la land-tax (taxe sur la
terre) et de l'impôt sur la drèche dont les rentrées se font souvent
attendre.

La Russie ne possède qu'une seule Banque d'émission qui est une
Banque d'État; sa mission est double et comprend deux catégories
d'opérations, les opérations commerciales et les opérations pour le
compte du Trésor; elle forme un rouage de l'État, et pour cette
raison, elle est placée sous les ordres du Ministre des finances et
sous la surveillance du conseil des établissements de crédit de
l'Empire.

(1) Les détails que nous donnerons à ce sujet sont empruntés en grande partie
au *Dictionnaire des Finances* de M. Léon Say, 1884, Berger-Levrault et Cie.

Sans être complètement chargée des services du Trésor, la Banque de Russie prête son concours aux émissions et souscriptions des emprunts de l'État et des bons du Trésor, dont elle paye les coupons.

Enfin la *Banque nationale de Belgique*, instituée par la loi du 5 mai 1850, a été spécialement créée pour escompter le papier de commerce et pour remplir les fonctions de caissier de l'État.

Elle est tenue d'établir des agences au chef-lieu de chaque arrondissement judiciaire et dans toutes les localités où le Gouvernement le juge nécessaire.

Les comptables des diverses régies financières qui sont les receveurs des contributions directes, douanes et accises, de l'enregistrement, successions et domaines, des droits de navigation, les conservateurs des hypothèques, les percepteurs des postes, des télégraphes et les chefs de station pour les chemins de fer de l'État, versent le montant de leurs recouvrements d'impôts à l'agence de la Banque située dans leur ressort et ne conservent par devers eux qu'une très faible quantité de numéraire.

Il y a un agent du Trésor par arrondissement, soit judiciaire, soit administratif, et tous les versements effectués chez l'agent de la Banque sont visés par l'agent du Trésor du ressort. Ce dernier est responsable de tous les payements à faire par l'agent de la Banque ; il signe le *Vu bon à payer*, en vertu duquel la Banque paye les mandats et ordonnances qui en sont revêtus.

A côté des agents de la Banque fonctionnent donc les agents du Trésor.

En dehors de la constatation des versements effectués entre les mains de la Banque, comme caissier de l'État, les agent du Trésor sont chargés d'assigner le payement sur les caisses de la Banque nationale, savoir :

1° De toutes les dépenses de l'État ordonnancées par le Ministère des finances ;

2° Des mandats émis par les ordonnateurs pour solder les dépenses faites par anticipation ;

3° Des dépenses concernant la caisse spéciale des pensions ;

4° Des ordonnances émises par les députations permanentes des conseils provinciaux (correspondant à nos commissions départementales françaises) sur les crédits spéciaux qui leur sont ouverts pour les fonds locaux et provinciaux ;

5° Des arrérages des rentes inscrites sur le grand-livre de la dette publique.

Ils disposent, à cet effet, sur la caisse de l'agent de la Banque nationale de leur localité, ainsi que sur celles des receveurs des impôts dans les localités où il n'existe pas d'agent de la Banque. Dans ce dernier cas, l'on a en vue d'épargner aux créanciers de l'État des déplacements onéreux. Pour rétablir l'uniformité des opérations de cette catégorie spéciale, les divers comptables publics qui ont payé sur leur caisse des mandats des agents du Trésor envoient les pièces acquittées de ces payements à l'agent de la Banque et celui-ci remet ces pièces à l'agent du Trésor, comme s'il les avait acquittées lui-même. Dans toutes ces opérations l'agent du Trésor remplit les fonctions d'ordonnateur secondaire, sans aucun maniement de fonds.

En dehors des dépenses effectuées avec le concours des agents du Trésor, la Banque nationale paye, sans l'intermédiaire de ces agents, et lorsqu'elle a reçu préalablement avis, suivant les cas, soit de l'émission des mandats, soit de l'ouverture des crédits, savoir :

1° Les mandats à ordre délivrés par le Ministre des finances ;

2° Les mandats au porteur délivrés par la Direction générale de la trésorerie sur les crédits qui lui sont ouverts par la Caisse d'amortissement et la Caisse des dépôts et consignations.

La Banque nationale est, en outre, chargée du service de la conservation des fonds publics de la trésorerie, de la Caisse d'amortissement et de la Caisse des dépôts et consignations, ainsi que des services rattachés, de la réception des titres de la dette publique destinés à être convertis en inscriptions nominatives, et enfin de la restitution des titres provenant des transferts au porteur.

Pour résumer les fonctions de la Banque nationale comme caissier de l'État, on peut dire que, d'une part, elle encaisse les versements qui lui sont faits par les divers comptables du Trésor et que, d'autre part, elle emploie les sommes ainsi recueillies au payement des créanciers de l'État, des provinces et des localités.

M. Dreyfus, dans son projet, donne à la Banque de France toutes les attributions de la Banque nationale de Belgique et c'est le directeur des contributions directes qu'il constitue l'agent du Trésor.

Nous voyons à l'adoption de ce système, dans toutes ses parties, de graves inconvénients.

D'abord, le directeur des contributions directes aura déjà une fort lourde tâche, lorsqu'il sera chargé de diriger à la fois le service de l'assiette et celui du recouvrement des contributions directes, des taxes y assimilées et de divers produits budgétaires fort nombreux. Il ne peut pas être universel, et ce serait vraiment par trop lui demander que d'exiger qu'en outre des connaissances spéciales qu'il est tenu de posséder pour diriger une régie financière des plus importantes, il soit obligé de s'initier aux règles si compliquées de la comptabilité publique, en ce qui a trait à l'acquittement des dépenses en dehors de celles faites pour son service. Ce serait lui donner un rôle tout à fait au-dessus de ses forces quelles qu'elles puissent être. Il ne peut donc pas être l'agent du Trésor, tel que l'entend M. Dreyfus.

Mais cet agent du Trésor, nous l'avons créé, par notre organisation nouvelle, dans des conditions, différentes, il est vrai, de celles où il fonctionne en Belgique, mais dans des conditions mieux appropriées à l'état de choses qui existe en France. Les recettes sont assurées par les cinq régies financières, et elles sont versées directement à la Banque de France; quant aux dépenses publiques en dehors de celles spéciales à ces régies, nous les assurons, après contrôle, par un fonctionnaire particulier que nous appelons payeur central.

Nous nous rapprochons ainsi, en réalité, des propositions de M. Dreyfus, bien plus que cela ne paraît au premier abord, tout en conservant à notre comptabilité publique les règles qui lui sont propres.

Enfin nous avons constitué la Banque de France le grand encaisseur des impôts et nous lui faisons acquitter, pour le compte de l'État, les arrérages de la dette publique.

Cette dernière attribution n'a, du reste, rien de nouveau. Car de 1800 à 1804, la Banque de France a été chargée d'opérer, pour le compte du Trésor, le payement des arrérages de la dette publique. De 1817 à 1827 (Loi de finances du 25 mars 1817, art. 139 et 140), elle a procédé de même, et le service du payement des rentes par la Banque a pris fin le 31 juillet 1827, à la suite du refus fait par elle de s'en charger gratuitement.

Nous persistons donc à dire (et nous croyons avoir établi que nous sommes dans le vrai, dans le sens pratique) que les attributions et les fonctions actuelles des trésoriers-payeurs généraux doivent être confiées, suivant la répartition que nous venons d'indiquer, au directeur des contributions directes, au payeur central et à la Banque de France.

Nous ferons connaître au titre VI dans quelles conditions nous sommes d'avis que ces nouvelles attributions soient confiées à la Banque de France.

Art. 3, 4 et 5 du projet de loi. — Les explications qui viennent d'être données et celles qui seront ajoutées au titre VI justifient pleinement ces articles.

Art. 6 et 7 du projet de loi. — Actuellement le visa du préfet ou du sous-préfet, prescrit par la loi du 24 avril 1833 et l'ordonnance du 12 mai 1833, avait sa raison d'être, et il constituait une garantie pouvant devenir nécessaire aux parties versantes à l'endroit des trésoriers-payeurs généraux.

Aujourd'hui, pour tous les versements de fonds faits à la caisse d'une succursale de la Banque de France, cette garantie est devenue inutile, la Banque étant responsable lorsque les récépissés sont signés par le directeur et par le caissier.

Les formalités indiquées à l'art. 7 ont pour objet de tenir exactement les chefs de service au courant de tous les versements de fonds opérés par les comptables placés sous leurs ordres.

Art. 8 et 9 du projet de loi. — Le payeur central constitue un rouage que nous considérons comme essentiellement utile et même indispensable; car les chefs de service des cinq régies financières ont assez à faire pour diriger leurs services respectifs et assurer les dépenses y relatives; il faut donc un fonctionnaire ayant la mission spéciale de pourvoir à l'acquittement de toutes les autres dépenses publiques.

Nous avons expliqué, aux observations générales, quelles sont les attributions empruntées à celles des trésoriers généraux, que nous confions au payeur central, et pour nous résumer nous pouvons dire qu'il sera chargé d'assurer par lui-même, par le payeur adjoint, quand il en aura un sous ses ordres, par les percepteurs et aussi par les autres comptables des régies financières, le service des dépenses publiques autres que celles relatives à ces régies; il aura encore à assurer le service des dépenses du département et le service des grandes administrations publiques : Caisse des dépôts et consignations, Légion d'honneur, Invalides de la marine. De toutes ces dépenses, celles qui ne seront pas acquittées par lui directement ne pourront l'être que sur son *Vu bon à payer.*

Art. 10 *du projet de loi.* — La création de vingt payeurs adjoints se justifie par l'importance des dépenses publiques dans certaines villes, où l'on ne pouvait songer à les faire acquitter par les percepteurs sans rendre leur tâche trop lourde.

Art. 11 *du projet de loi.* — Les fonds ne pourront être remis au payeur central, remis ou transmis au payeur adjoint que sur la réquisition écrite du payeur central; cette prescription est nécessaire pour dégager la responsabilité de la Banque et pour assurer le contrôle de l'administration centrale.

Art. 12 *du projet de loi.* — La suppression des receveurs particuliers des finances, placés au chef-lieu de l'arrondissement, laissait un vide qu'il importait de combler au point de vue de l'acquittement des dépenses publiques et au point de vue des convenances personnelles des particuliers.

C'est pour cela que nous avons dû charger le percepteur de la ville chef-lieu de département ou chef-lieu d'arrondissement, quand il n'y a pas auprès de lui une succursale de la Banque, de certaines des attributions qui étaient dévolues aux receveurs particuliers. Nous avons détaillé ces attributions spéciales à l'art. 12 et nous indiquons à l'art. 65 quelles sont les indemnités particulières que nous lui allouons, à titre de frais d'aide et de responsabilité.

Pour entourer de toutes les garanties nécessaires les dépôts de fonds effectués entre les mains de ce comptable, nous avons maintenu le visa du récépissé par le préfet et par le sous-préfet ou par leur délégué, exigé par la loi du 24 avril 1833.

Art. 13 *du projet de loi.* — Le percepteur, sauf dans les villes où il existe un payeur adjoint, est chargé d'assurer le service des dépenses publiques de l'arrondissement et d'acquitter ces dépenses sur le *Vu bon à payer* du payeur central, en outre des payements qu'il a à effectuer, des mandats délivrés par le directeur pour le service des contributions directes.

Art. 14 *du projet de loi.* — On ne pouvait songer à obliger les particuliers à se transporter au siège de la succursale de la Banque pour y toucher leurs coupons de rentes ; il fallait, maintenant que ce service est confié à la Banque, pour le compte du Trésor, lui adjoindre des fonctionnaires de l'État dans tout le département. Les percepteurs étaient tout indiqués pour ce service que, du reste, ils remplissent déjà.

Mais c'est pour le compte de la Banque que les percepteurs effectueront ces payements ; par suite leurs versements comprendront trois parties distinctes :

1° Numéraire ou valeurs représentant du numéraire transmis par eux à la Banque ;

2° Mandats émis par le directeur pour son service, à renvoyer à celui-ci après acquittement, pour être remis par lui au percepteur principal ;

3° Mandats payés au compte du payeur central, à lui adresser par l'intermédiaire du directeur.

Ces trois parties seront détaillées sur l'avis de versement que les comptables auront à transmettre à leur chef de service.

Art. 15 *du projet de loi.* — C'est le directeur qui dirige et assure le service des dépenses à effectuer par les percepteurs; il est donc nécessaire qu'il soit tenu au courant de leurs besoins et que des fonds de subvention ne puissent leur être transmis que sur sa réquisition écrite.

Art. 16 *du projet de loi.* — L'administration des contributions directes devenant une régie financière, autonome, les rapports ne peuvent avoir lieu entre le payeur central et les percepteurs que par l'intermédiaire du directeur, chef de service des percepteurs; c'est ainsi du reste que cela se pratique actuellement pour les rapports des comptables des autres régies financières avec le trésorier-payeur général.

Art. 17, 18, 20, 21 *et* 23 *du projet de loi.* — Ces articles ont trait aux conditions de nomination et d'avancement des payeurs centraux et des payeurs adjoints; ils ne paraissent pas nécessiter d'explications.

Par les art. 21 et 23, nous avons voulu assurer le bon recrutement de ces fonctionnaires et l'on remarquera que nous avons inséré à l'art. 21 une disposition formelle qui réserve au choix du Gouvernement le tiers des vacances annuelles des emplois de payeurs centraux. Il est nécessaire que le Gouvernement ait à sa libre disposition un certain nombre d'emplois qui lui permettent de récompenser les hommes qui lui ont rendu de réels services. Mais il nous a paru bon de donner à l'exercice de ce droit la sanction législative.

Art. 19 *et* 22 *du projet de loi.* — Les traitements fixes des payeurs, lorsqu'il existait des fonctionnaires de ce nom à côté des receveurs généraux, étaient un peu au-dessous de ceux que nous avons établis. Mais nous avons pensé qu'il convenait de donner à ces fonctionnaires d'un ordre élevé une certaine situation qui devînt le couronnement de la carrière des inspecteurs et des percepteurs de 1re classe et des payeurs adjoints, et qui fût suffisamment rémunératrice pour les personnes que le Gouvernement y appellerait,

3

en vertu du droit que lui confère la loi de disposer à son gré du tiers des vacances annuelles. Nous estimons donc que ce serait un tort que de descendre au-dessous des chiffres fort raisonnables que nous avons fixés.

Quant aux traitements fixes des payeurs adjoints, ils sont en rapport avec ceux des payeurs centraux.

En ce qui concerne les frais de personnel, de matériel et de loyer des payeurs centraux et des payeurs adjoints, ils sont établis avec modération et nous paraissent suffisamment justifiés par l'importance des attributions que nous donnons à ces fonctionnaires.

Ces frais sont ainsi fixés :

Payeurs centraux	963.000ᶠ
Payeurs adjoints	130.000
Soit un total de	1.093.000ᶠ

Il faut y ajouter le traitement des chefs de comptabilité, des caissiers et des employés, rétribués par l'État (emplois créés, art. 26 de la loi), savoir : 871.000

Soit un total de 1.964.000ᶠ

Enfin, les frais de même nature alloués aux directeurs des contributions directes (art. 40 de la loi) s'élevant à .. 1.160.000

Ce qui donne un total général de 3.124.000ᶠ

Or, le projet de budget du ministre des finances pour 1887 attribuait aux trésoriers-payeurs généraux, qu'il maintenait dans des conditions différentes de celles actuelles, les allocations suivantes :

1° Frais de personnel 2.952.000ᶠ

2° Frais de matériel, savoir :

Loyer des bureaux (non compris le logement particulier du comptable)	237.408ᶠ	
Chauffage et éclairage	83.777	978.930
Impressions et fournitures de bureau	518.010	
Dépenses diverses	139.735	

Total à reporter.......... 3.930.930ᶠ

Report.......	3.930.930ᶠ

Si nous ajoutons les frais de bureau des directeurs des contributions directes, d'après le projet de budget de 1887 pour.. 461.480

Nous obtenons un chiffre total de...... 4.392.410ᶠ
Celui que nous avons indiqué plus haut n'étant que de. 3.124.000

Nous réalisons donc de ce chef une économie de.. 1.268.410ᶠ

Et nous ne parlons pas de sommes que le ministre comprenait dans les frais de matériel, alloués aux trésoriers généraux, savoir : frais de vérification à domicile des receveurs particuliers et des percepteurs de..... 51.070ᶠ
Frais de transport des fonds publics dans l'intérieur du département de............. 257.070
} 308.140

Si nous les ajoutons, notre économie totale, sur les frais du personnel, de matériel et de loyer, sera de.......... 1.576.550ᶠ

Art. 24 *du projet de loi.* — La responsabilité des payeurs centraux embrasse tous les actes de leur gestion personnelle, rien de plus naturel.

Par exception au principe, que nous croyons le vrai, que chacun ne doit être rendu responsable que des actes de sa propre gestion, nous avons étendu la responsabilité des payeurs centraux aux actes de la gestion des payeurs adjoints. Ceux-ci, en effet, sont sous les ordres du payeur central, qui, par le fait, assure le service des dépenses dans le département et auquel nous n'avons donné des adjoints, en petit nombre du reste, que dans les villes où le service des dépenses publiques offre une certaine importance. Le cautionnement des payeurs adjoints que nous fixons à quatre fois le montant de leur traitement fixe, est là d'ailleurs pour atténuer en partie les effets de la responsabilité encourue par les payeurs centraux.

Le cautionnement des payeurs centraux n'est fixé aussi qu'à quatre fois le montant de leur traitement fixe. C'est peu, dira-t-on peut-être, vu l'importance des sommes qui pourront passer dans leurs caisses.

Nous pensons que c'est assez et que nous avons donné à l'État des garanties complètes en mettant encore, à côté d'eux, des fonctionnaires responsables, eux aussi, dans une certaine mesure. ·

D'ailleurs, nous tenons à le dire hautement, nous estimons que la responsabilité morale des fonctionnaires doit être placée bien au-dessus de leur responsabilité pécuniaire.

Art. 26 du projet de loi. — Nous avons attaché aux payeurs centraux et aux payeurs adjoints des chefs de comptabilité, des caissiers et parfois des employés, rétribués directement par l'État. C'est là à notre sens une grande garantie que nous avons créée, autant pour l'État que pour les payeurs eux-mêmes, et en effet ces chefs de comptabilité, caissiers, etc., ayant une carrière à faire, auront tout intérêt à assurer, sous la direction de leurs chefs, la marche sûre et régulière du service.

La dépense relative à cette création n'est pas fort élevée, et ajoutée à celle des payeurs elle ne produit qu'un total de 3,017,000 fr., alors que les receveurs particuliers des finances à eux seuls coûtaient 3,560,955 fr.

Art. 27 et 28 du projet de loi. — Ces articles font connaître les conditions de recrutement des chefs de comptabilité, des caissiers et des employés rétribués par l'État, des payeurs.

Art. 29 du projet de loi. — Nous avons cru devoir astreindre des fonctionnaires appelés à participer aux services si importants des dépenses publiques, à verser un cautionnement; mais comme ils ne sont, après tout, qu'en sous-ordre, nous n'avons fixé leur cautionnement qu'au montant même de leur traitement fixe.

Art. 30 du projet de loi. — Nous ne voulons pas que, dans les fonctions publiques, il y ait de porte fermée; nous sommes d'avis que tout fonctionnaire de l'État, quelle que soit la porte par laquelle il est entré, ne doit pas être condamné à passer toute sa vie dans des emplois subalternes. Lorsqu'il se distingue par son travail et par son mérite, il doit pouvoir arriver aux grades les plus élevés.

C'est pour cela qu'à l'art. 23, nous permettons aux chefs de comptabilité d'être nommés payeurs adjoints, et qu'à l'art. 30 nous ouvrons le droit aux chefs de comptabilité, aux caissiers et aux employés des payeurs d'être appelés à des emplois de percepteur.

L'art. 57 consacre le même principe, essentiellement démocratique.

Art. 25 *et* 31 *du projet de loi.* — La loi a établi et réglé la situation des payeurs et de leurs employés, fonctionnaires de l'État. Mais ce n'est pas assez; il faut encore, à notre sens, que les faits relatifs à cette situation soient portés à la connaissance de tous par leur insertion au *Journal officiel,* de telle sorte qu'il ne soit pas possible de ne pas appliquer la loi.

Nous n'avons pas la prétention de fermer par là la porte à la faveur (l'humanité ne peut pas se refaire); mais nous en limitons sagement les effets et nous empêchons, en partie du moins, que les services exceptionnels (qui ne sont rendus qu'à soi-même) ne soient trop souvent récompensés au détriment des services réellement rendus.

Art. 32 *du projet de loi.* — La loi ne pouvait faire connaître que d'une manière générale les attributions et les obligations des payeurs et des employés sous leurs ordres et il appartient à un règlement d'administration publique d'entrer à ce sujet dans tous les détails propres à assurer la marche du service et son fonctionnement régulier.

Résumé de la dépense qu'entraînera le service des payeurs.

Nous résumerons ci-après la dépense qu'occasionnera à l'État la création des payeurs centraux, des payeurs adjoints, des chefs de comptabilité, caissiers et employés des payeurs, rétribués directement par l'État.

1° Payeurs centraux.

1° Traitements fixes.

15 de 1re classe à 15.000f	=	225.000f	
20 de 2e — à 12.000	=	240.000	
25 de 3e — à 10.000 ....:.....	=	250.000	923.000f
26 de 4e — à 8.000	=	208.000	
86			

2° Frais de personnel, de matériel et de loyer.

8 départements de 1re classe à 20.000f = 160.000f
7 — de — à 15.000 = 105.000
20 — de 2e — à 12.000 = 240.000 963.000
25 — de 3e — à 10.000 = 250.000
26 — de 4e — à 8.000 = 208.000
86   1er TOTAL............ 1.886.000f

2° Payeurs adjoints.

1° Traitements fixes.

10 de 1re classe à 7.000f .... = 70.000f
10 de 2e — à 6.000 .... = 60.000   130.000f
20

2° Frais de personnel, de matériel et de loyer.

10 payeurs à 7.000f .... = 70.000f
10 — à 6.000 .... = 60.000   130.000
20   2° TOTAL........ ..... 260.000f

3° Chefs de Comptabilité, Caissiers et Employés rétribués par l'État.

Traitements fixes.

CHEFS DE COMPTABILITÉ
25 à 4.500f .... = 112.500f
25 à 4.000 .... = 100.000   395.500
30 à 3.500 .... = 105.000
26 à 3.000 ......:.... = 78.000
106   A reporter....... 395.500f

	Report..........	395.500ᶠ

CAISSIERS....
- 25 à 4.000ᶠ .... = 100.000ᶠ
- 25 à 3.500 .... = 87.500
- 30 à 3.000 .... = 90.000
- 26 à 2.500 .... = 65.000

342.500

106

EMPLOYÉS....
- 10 à 3.500ᶠ .... = 35.000ᶠ
- 12 à 3.000 .... = 36.000
- 12 à 2.500 .... = 30.000
- 16 à 2.000 .... = 32.000

133.000

50   3° TOTAL........... 871.000ᶠ

RÉCAPITULATION.

1ᵉʳ TOTAL.	Payeurs centraux......................	1.886.000ᶠ
2° —	Payeurs adjoints......................	260.000
3° —	Chefs de comptabilité, etc..............	871.000
	TOTAL GÉNÉRAL..............	3.017.000ᶠ

TITRE II.

VERSEMENTS DES COMPTABLES — ENVOIS DE FONDS
DE SUBVENTION — TRANSPORT GRATUIT
DES FONDS PUBLICS PAR L'ADMINISTRATION DES POSTES
ET DES TÉLÉGRAPHES.

(Art. 33, 34 et 35 du projet de loi et observations générales.)

Aujourd'hui les comptables de toutes les administrations sont tenus de faire à des dates fixes, ou à des époques indéterminées, le versement des fonds reçus à leur caisse, soit chez le trésorier-payeur général pour l'arrondissement chef-lieu, soit chez les receveurs particuliers des finances pour les autres arrondissements. Ils retirent un récépissé qu'ils doivent soumettre au visa du préfet ou du sous-préfet, pour le rendre libératoire vis-à-vis du Trésor public.

Ou bien les comptables effectuent leurs versements en personne, et alors ce sont pour eux des déplacements onéreux et fatigants, de nature, le plus souvent, à gêner la marche régulière du service.

Ou bien ils font parvenir les fonds par l'entremise de personnes étrangères; mais alors ils peuvent courir des risques sérieux et sont obligés de payer les personnes qu'ils emploient à leurs risques et périls. S'ils font usage de la voie de la poste, sous plis chargés, c'est à leurs frais.

Des fonds de subvention peuvent être envoyés par le trésorier-payeur général ou par les receveurs particuliers des finances sur divers points du département.

Enfin, les receveurs des finances et aussi les percepteurs peuvent avoir à transmettre au trésorier-payeur général des fonds provenant de dépôts pour achats de rentes ou de valeurs du Trésor, de sommes à verser à la Caisse des dépôts et consignations, etc.

Ces divers envois sont faits aux frais des envoyeurs et sous leur responsabilité personnelle, et si la voie de la poste est employée par eux, elle est singulièrement onéreuse.

Nous proposons d'adopter un système unique pour le transport des fonds publics, quelle qu'en soit la provenance et quelle qu'en soit la destination, du moment que la transmission a pour objet l'exécution d'un service public.

Tous les paquets de service, contresignés par les fonctionnaires expéditeurs, sont transportés par la poste en franchise. Nous pensons que le transport en franchise doit être étendu à tous les envois de fonds publics, en entourant ces envois de garanties toutes spéciales.

La mesure que nous proposons d'appliquer à tous les comptables n'est pas, d'ailleurs, nouvelle dans l'administration des postes. En effet, les receveurs de ce service ne pouvant quitter leur bureau, leurs versements (autres que ceux des titulaires des villes, chefs-lieux de département et chefs-lieux d'arrondissement) sont effectués gratuitement par la poste, entre les mains du receveur principal ou du receveur des postes de la ville chef-lieu d'arrondissement. Chacun de ces derniers centralise les sommes versées par ses collègues et les verse ensuite, pour le compte de ceux-ci, à la trésorerie générale ou à la recette des finances; ces opérations sont d'ailleurs accompagnées de toutes les précautions désirables.

Nous avions eu d'abord l'idée, qui nous paraissait toute simple, de faire opérer les versements des divers comptables, *à découvert*, entre les mains des receveurs des postes de leur résidence, et alors ces derniers, une fois les fonds reçus et reconnus, les auraient transmis directement à la succursale de la Banque. Cette combinaison avait bien l'avantage de décharger les comptables de toute responsabilité; mais elle présentait le sérieux inconvénient de transférer cette responsabilité sur la tête du receveur des postes encaisseur, et cette responsabilité pouvait devenir très lourde, puisque dans les chefs-lieux de canton les receveurs des postes, dont le cautionnement n'atteint souvent que quelques centaines de francs, auraient encaissé des sommes fort élevées, et qu'ils auraient eu à en répondre et à les transmettre eux-mêmes.

D'autre part, l'adoption de ce mode de procéder aurait eu pour effet de modifier sensiblement les habitudes de l'administration des postes dans l'exécution de ses services, et c'eût été peut-être une raison suffisante pour le faire écarter. Nous y avons donc renoncé.

Mais, après un examen approfondi de la question, nous nous sommes arrêté à un système qui nous paraît pratique, entièrement approprié aux usages de l'administration des postes, et offrant toutes les garanties nécessaires.

Et cette question, nous insistons à cet endroit, est fort importante, puisque sa solution, telle que nous la proposons, permet de supprimer sans inconvénients le rouage des receveurs des finances; autrement il faudrait confier leurs attributions à un autre fonctionnaire du chef-lieu de l'arrondissement; il n'y aurait que le nom de changé et la fonction serait maintenue.

Nous ferons connaître les conditions de ce système, qui pourraient trouver leur place dans un règlement d'administration publique.

L'administration des postes se chargerait du transport gratuit des fonds publics, préalablement insérés dans des enveloppes ou dans des sacs de forme particulière.

Si l'on objecte que le poids et le volume du numéraire envoyé aux succursales de la Banque pourraient détériorer les cachets des lettres chargées contenues dans le même paquet que la totalité des versements (1), ce danger pourrait être conjuré par une série de précautions, telles que : composition habituelle des versements en or ou en billets de banque, et mise sous enveloppe de ces derniers; obligation de mettre en rouleaux *toutes* les espèces et de fractionner

(1) Les sacs fermés dans les conditions que nous indiquons, paraissent de nature à bien moins détériorer les cachets des lettres chargées contenues dans un même paquet que ne peuvent le faire les boîtes de valeurs déclarées dont les dimensions ont été portées, par la loi du 9 avril 1867, article unique, à dix centimètres uniformément en tous sens.

au besoin les envois qui comprendraient exceptionnellement des pièces d'argent ou de bronze; adoption d'un type uniforme d'enveloppes et de sacs, et les comptables seraient obligés de se procurer les sacs à leurs frais en nombre suffisant pour assurer leur service, les sacs devant leur être renvoyés en franchise par les soins de la succursale de la Banque.

En ce qui concerne les garanties dont ils devraient être entourés, les versements seraient scellés d'un ou plusieurs cachets en cire à l'empreinte particulière du comptable expéditeur.

Tout versement composé uniquement de billets de banque ou de valeurs diverses, ferait l'objet d'un envoi sous enveloppe spéciale (papier rose, par exemple), avec la mention imprimée : *Fonds publics,* et scellée de cinq cachets à empreinte personnelle.

L'envoi serait ensuite présenté au chargement en franchise, sans indication extérieure aucune du montant des valeurs contenues, et il serait soumis exceptionnellement aux mêmes formalités de pesage et de description que les lettres chargées portant déclaration de valeurs; il motiverait la délivrance d'un reçu à l'expéditeur.

La responsabilité du service des postes serait ainsi dégagée par le seul fait de la remise du chargement au destinataire ou à son délégué, *dans l'état* où il lui aurait été confié par le déposant.

Quant aux versements effectués dans des sacs, ceux-ci, dont les conditions essentielles seraient d'être toujours intacts et très malléables, pourraient être en toile. Ils seraient assez grands pour que la partie restant disponible pût servir au besoin à retomber sur la partie pleine, convenablement maintenue au ras des espèces, de manière à recouvrir de nouveau et à isoler ces dernières des lettres chargées contenues dans le même paquet.

Ils devraient être munis comme le sont les sacs à dépêches d'une étiquette en cuir, dans le creux de laquelle le comptable expéditeur verserait la cire destinée à recevoir son empreinte particulière, laquelle serait ainsi convenablement isolée et porterait sur les deux extrémités du lien qui aurait servi à ficeler l'envoi.

Le sac ainsi préparé serait remis au chargement en franchise, et le receveur des postes en donnerait un reçu à l'expéditeur; ce dernier déposerait en même temps un pli sous enveloppe fermée et contresignée, qui contiendrait à l'adresse du directeur de la succursale une déclaration d'expédition relatant le nombre des sacs envoyés, le contenu détaillé de chacun et qui porterait un spécimen de l'empreinte dont le sac aurait été revêtu.

Le délégué de la succursale aurait, avant de prendre livraison au guichet des sacs ou chargements contenant des versements, à examiner l'état extérieur de ces derniers et à rapprocher de l'unique empreinte des sacs le double donné sur la déclaration de l'expéditeur. Cette prise en charge s'opèrerait par un garçon de recettes de la Banque, sous la surveillance d'un employé du bureau de la poste.

Quant aux plis chargés sous enveloppes spéciales, ils seraient remis à la succursale par le facteur dans les conditions ordinaires des chargements.

Il ne resterait plus qu'à entourer de toutes les garanties matérielles désirables l'ouverture des envois parvenus à la succursale.

Dans ce but, les liens ou enveloppes seraient coupés de manière à garder intacts les cachets du fonctionnaire expéditeur, jusqu'à l'achèvement complet des opérations de reconnaissance des valeurs annoncées par le bordereau détaillé, transmis en même temps que le versement. Ces opérations s'effectueraient dans un local fermé, par les soins du caissier, avec le concours effectif d'un employé de la Banque.

Toute différence constatée motiverait l'établissement immédiat d'un procès-verbal en double expédition ; l'une serait transmise avec les enveloppes et ficelles justificatives au chef de service du comptable expéditeur et l'autre à ce dernier.

Des formalités de même nature seraient observées quand il s'agirait pour la Banque de transmettre des fonds de subvention à des comptables du département, avec la mention expresse que le comptable destinataire serait tenu de reconnaître les fonds avec le concours d'un autre fonctionnaire de l'État.

Nous croyons que l'adoption de la mesure du transport gratuit des fonds publics par l'administration des postes présente, à tous les points de vue, de grands et réels avantages ; nous avons entouré les opérations à effectuer des garanties les plus minutieuses, et nous ne voyons pas bien quelles objections vraiment sérieuses l'on pourrait opposer à la proposition utile et pratique que nous émettons.

L'administration des postes est parfaitement en mesure d'assurer immédiatement le transport des fonds publics, et cela sans nouvelle dépense aucune. Et, après tout, elle est instituée pour opérer d'abord les transports publics, et ensuite ceux des particuliers; son but principal n'est pas celui des diverses régies financières, de produire des revenus à l'État. Cela est si vrai que nous voyons, depuis quelques années notamment, les ministres placés à la tête de cette administration, chercher surtout à consacrer les excédents de recettes, qui sont constants, à l'amélioration des transports et à la réduction des tarifs.

TITRE III.

ORGANISATION DE L'ADMINISTRATION DES CONTRIBUTIONS DIRECTES.

SECTION Iʳᵉ.

Réunion des services de l'assiette et du recouvrement.

Art. 36 du projet de loi. — L'administration des contributions directes se divise aujourd'hui en deux branches distinctes, celle de l'assiette et celle du recouvrement. La réunion des deux services sous une direction unique, comme cela a lieu dans les diverses régies financières (enregistrement, contributions indirectes, douanes, postes et télégraphes), est une conséquence forcée de la suppression des trésoriers-payeurs généraux. Ceux-ci, en effet, disparaissant, on ne peut songer à donner aux percepteurs un chef nouveau, alors que ce chef est tout indiqué dans le directeur des contributions directes. Toutes les personnes, du reste, qui se sont occupées de ces questions, depuis M. Marcel Barthe jusqu'à M. Dreyfus (1), si elles diffèrent sur les moyens d'exécution, sont unanimes à déclarer que cette réunion des deux services de l'assiette et du recouvrement s'impose, et que la nouvelle administration, réorganisée, doit être placée sous les ordres du directeur des contributions directes. Mais soit que les projets de loi déposés n'aient pas été étudiés à un point

---

(1) Le *Journal des Fonctionnaires* a publié plusieurs fois d'excellents articles dans le sens de cette réforme.

de vue suffisamment pratique, soit que des influences intéressées au maintien du *statu quo* se soient mises en travers, ou que l'on se soit exagéré les difficultés de réaliser cette réforme, tout en la jugeant essentiellement utile, ces projets n'ont pas encore abouti.

Nous pensons cependant qu'au point où en est arrivée la question, il n'est plus possible de piétiner sur place, et qu'il est indispensable d'opérer la fusion des deux services dont il s'agit.

On est long en France pour prendre une décision, pour modifier et même améliorer les choses existantes, surtout dans les hautes sphères gouvernementales. Mais quand une mesure, reconnue bonne, a reçu son exécution et que, quelques années après, on se reporte en arrière, l'on n'est étonné que d'une chose, c'est qu'elle n'ait pas été appliquée plus tôt.

Nous n'en voulons qu'un exemple récent, la fusion des postes et des télégraphes, contre laquelle on s'est tant récrié au début. Un Ministre d'initiative a eu l'intelligence et la force de l'accomplir, et personne aujourd'hui n'admettrait comme possible la séparation de ces deux services, tant la fusion a produit et produit tous les jours d'excellents résultats.

Nous n'hésitons pas à dire que la réunion des services de l'assiette et du recouvrement des contributions directes aura le même sort, et que le Ministre des finances qui aura la volonté de la mener à bonne fin, attachera son nom à une œuvre essentiellement utile, tant au point de vue des intérêts du Trésor que de ceux des contribuables.

Nous soulignerons le mot *autonome* que nous avons introduit dans la loi, pour bien marquer que nous voulons faire de l'administration des contributions directes une régie financière complète, qui se suffise à elle-même, qui assure par elle-même le service de ses recettes et de ses dépenses, sans compter qu'elle prendra encore à sa charge certains services spéciaux qui sont aujourd'hui dévolus aux trésoriers-payeurs généraux.

SECTION II.

Directeurs des contributions directes et observations générales.

(Art. 37 à 40 du projet de loi.)

A la tête de l'administration des contributions directes dans chaque département, nous plaçons le directeur des contributions directes, chef de service, ayant sous ses ordres, savoir :

1° *Des commis de direction* de divers grades, payés par l'État (sans parler du personnel des bureaux rétribué sur le fonds d'abonnement), chargés de diriger les bureaux et de lui prêter leur concours pour la marche régulière du service;

2° *Des inspecteurs*, ayant mission de surveiller et de vérifier les opérations des agents de l'assiette et celles des agents du recouvrement;

3° *Des contrôleurs*, chargés de l'assiette de l'impôt direct et des taxes y assimilées, et ayant aussi certaines surveillances ou vérifications à effectuer en ce qui concerne les agents du recouvrement;

4° *Des percepteurs*, chargés d'opérer le recouvrement des contributions directes et des taxes y assimilées, ainsi que de divers produits budgétaires;

5° Enfin, *des surnuméraires* en nombre suffisant pour assurer le recrutement normal du personnel et pour pourvoir aux intérims, aux missions spéciales, etc.

Les attributions du directeur seront les mêmes que celles qu'il a actuellement; il aura en plus à centraliser, à surveiller et à vérifier les opérations des agents du recouvrement.

Il sera attaché à chaque direction, au minimum, deux commis, l'un s'occupant plus spécialement du service de l'assiette; l'autre plus particulièrement du service du recouvrement, mais changeant à tour de rôle de service, afin d'être aptes plus tard à faire des inspecteurs. Il pourra être adjoint un ou plusieurs commis supplémentaires, en raison de l'importance des directions, d'après le tableau n° 5 annexé à la présente loi.

Les inspecteurs auront un rôle fort important. Ils devront effectuer un certain nombre de surveillances et de vérifications obligatoires, tant auprès des agents de l'assiette que de ceux du recouvrement, sans compter les vérifications supplémentaires que le directeur jugera nécessaire de leur prescrire. Il y aura au moins deux inspecteurs par département (voir le tableau n° 5). Ils résideront tous au chef-lieu du département et ils n'auront pas de circonscription fixe, de telle sorte qu'ils soient toujours à la disposition du directeur et qu'ils se contrôlent les uns par les autres, comme cela se pratique dans l'administration des contributions indirectes.

Les contrôleurs conserveront toutes leurs attributions actuelles, en y ajoutant la rédaction des états-matrices de la taxe municipale sur les chiens, rédaction qui, par suite d'une confusion d'attributions, avait été confiée aux percepteurs, bien qu'ils ne soient que les agents du recouvrement (1). En outre, dans le but d'entourer le recouvrement de l'impôt de toutes les garanties nécessaires, dans l'intérêt du Trésor et dans celui des contribuables aussi, et pour se préparer aux fonctions d'inspecteurs, les contrôleurs auront à surveiller et à vérifier les agents du recouvrement, mais dans des conditions limitées et déterminées, à savoir notamment : constatation de la situation de la caisse; comparaison des indications du registre des quittances à souche avec celles portées sur les rôles; vérification de l'émargement des ordonnances de dégrèvement; rapprochement d'un certain nombre de quittances avec les mentions des registres à souche dont elles auront été détachées; examen des rôles au point de vue de la marche des recouvrements, etc.

(1) Cette réforme a été réalisée par le décret du 22 décembre 1886.

4

Les percepteurs conserveront toutes leurs attributions actuelles, sauf en ce qui concerne la rédaction des états-matrices de la taxe municipale sur les chiens (1). Ils seront chargés du recouvrement des contributions directes et des taxes y assimilées, ainsi que du produit des amendes et condamnations judiciaires, et de divers autres produits budgétaires.

Ils prendront part à l'acquittement des dépenses publiques, autres que celles relatives au service des contributions directes, pour le compte du payeur.

Ils payeront pour le compte de la Banque de France, les coupons de rentes, etc.

Des attributions spéciales sont confiées au percepteur de la ville chef-lieu du département, qui prend le nom de *percepteur principal*, et aux percepteurs des villes chefs-lieux de département ou d'arrondissement, où il n'existe pas de succursale de la Banque de France.

Nous appellerons l'attention sur les fonctions particulières du percepteur principal.

Dans les quatre régies financières qui existent actuellement (enregistrement, contributions indirectes, douanes, postes et télégraphes), les opérations de tous les agents du département, en recettes ou en dépenses, sont centralisées, pour les écritures, par un seul agent, par deux ou trois au plus.

La manière de procéder de l'administration de l'enregistrement lui est particulière, et cela parce que tous les receveurs sont personnellement justiciables de la Cour des comptes. Mais toutes leurs opérations n'en sont pas moins centralisées dans les écritures par un chef de comptabilité, employé dont la carrière est limitée à ce seul grade, qui travaille dans les bureaux de la direction.

Le système pratiqué dans les trois autres régies financières est différent. Ainsi, dans les postes, il y a un receveur principal au chef-lieu du département; dans les contributions indirectes, il y a un ou plusieurs receveurs principaux; il en est de même dans les douanes.

Ces receveurs principaux centralisent toutes les écritures du département ou de leurs arrondissements respectifs et sont seuls

(1) Réforme réalisée par le décret du 22 décembre 1886.

justiciables de la Cour des comptes. Ils reçoivent avis des recettes et des dépenses; ils examinent les pièces de dépenses et les font régulariser au besoin; ils les classent; ils envoient le résumé de leurs écritures avec les pièces de dépenses à l'appui à leur chef de service. Celui-ci examine le tout et le transmet à l'administration centrale, pour passer de là à la comptabilité publique du Ministère et ensuite à la Cour des comptes.

C'est ce dernier système que nous proposons d'adopter pour la régie financière des contributions directes. Car nous ne pouvons pas songer à rendre justiciables de la Cour des comptes tous les percepteurs (5281 actuellement et 4502 dans notre organisation nouvelle). C'est le percepteur principal qui devient le seul comptable de la régie financière nouvelle. Son action s'étend sur tout le département; mais sa responsabilité est limitée aux dépenses de l'État, le payeur central ayant à assurer les dépenses du département, et les percepteurs, comme receveurs spéciaux des communes et des établissements hospitaliers, relevant pour leurs comptes de gestion, sauf dans certains cas déterminés, de la juridiction du conseil de préfecture.

Cette organisation nous paraît la seule possible, la seule pratique et elle est indispensable pour faire de l'administration des contributions directes une régie financière autonome. Car l'on ne peut pas songer à donner au payeur central les attributions spéciales que nous proposons de confier au percepteur principal; ce serait le faire sortir tout à fait de son rôle et créer une confusion d'attributions; cette organisation est une conséquence forcée de la disparition des trésoriers-payeurs généraux.

Elle ne constitue pas du reste une innovation à proprement parler; car nous l'empruntons tout simplement aux autres régies financières où elle fonctionne bien, où elle a été trouvée bonne et où il ne viendrait à l'esprit de personne de penser à la modifier.

Les surnuméraires feront leur instruction pratique sous les yeux et dans les bureaux du directeur; ils auront à suppléer les agents absents ou malades.

Art. 37 et 38 du projet de loi. — Les observations générales qui précèdent nous dispensent d'entrer dans des explications au sujet de ces articles.

Art. 39 et 41 du projet de loi. — Il s'agit des conditions de nomination et d'avancement des directeurs, et il était nécessaire de les préciser par la loi.

Nous ferons remarquer les dispositions relatives aux sous-chefs et aux chefs de bureau de l'administration centrale des contributions directes; nous les empruntons aux errements suivis dans les administrations de l'enregistrement et des contributions indirectes où les emplois de directeurs ne sont pas donnés aux sous-chefs de bureau et ne sont confiés aux chefs de bureau qu'après que ceux-ci ont passé plusieurs années dans ce grade à l'administration centrale.

Art. 40 du projet de loi. — Nous avons donné aux directeurs des contributions directes de nouvelles et importantes attributions qui auront pour effet de plus que doubler le travail qui leur incombait antérieurement. Il n'est que juste de relever un peu leur traitement fixe. Nous proposons de le fixer au même taux que celui qui est attribué aux chefs de service des administrations des contributions indirectes et de l'enregistrement, où les directeurs sont répartis en trois classes, à 8,000, 10,000 et 12,000 fr. L'augmentation de ce chef ne ressort d'ailleurs qu'à 166,000 fr., soit environ 25 p. 0/0 des traitements fixes anciens qui étaient de 682.000 fr., au lieu de 848.000 dans notre organisation.

Quant aux frais de personnel relatifs aux employés payés par les directeurs sur leur fonds d'abonnement, aux frais de matériel et de loyer des bureaux, on reconnaîtra qu'en proposant de les porter au chiffre total de 1.160.000 fr., au lieu de celui de 461.480 fr. du projet de budget du ministre pour 1887, nous nous montrons excessivement modéré.

Il faudra que les directeurs augmentent de plus du double le nombre des employés de leurs bureaux; qu'ils choisissent de nouveaux locaux bien plus vastes que ceux occupés maintenant;

ils auront à supporter des frais bien plus considérables d'impression, de chauffage, d'éclairage, etc.

Nous avons fait voir, à l'occasion des art. 19 et 20 du projet de loi, que nous réalisons, sur les frais de personnel, de matériel et de loyer, servis actuellement aux trésoriers-payeurs généraux et aux directeurs des contributions directes, une économie totale de 1.576.550 fr.

Nous avons donc raison de dire que notre nouvelle fixation de ces frais est fort raisonnable et nullement exagérée.

Art. 42 du projet de loi. — En réservant aux directeurs, dans la proportion des vacances annuelles, un certain nombre de perceptions de 1ʳᵉ classe à Paris et en province, nous avons voulu assurer des situations convenables aux chefs de service qui seraient empêchés de continuer leurs fonctions, si laborieuses et si importantes, pour raison de santé ou pour d'autres motifs.

SECTION III.

Inspecteurs des contributions directes.

Art. 43 et 46 du projet de loi. — Ces articles ont trait aux conditions de nomination et d'avancement des inspecteurs; ils ne paraissent pas nécessiter d'explications particulières.

Art. 44 du projet de loi. — Nous avons fait connaître à propos de l'art. 37 de la loi, les attributions multiples des inspecteurs.

Art. 47 du projet de loi. — Il fallait ouvrir aux inspecteurs qui ne pourront arriver à la direction, par suite de leur âge ou pour d'autres motifs, l'accès d'une situation en rapport avec l'importance de leurs fonctions ; c'est ce que nous avons fait en leur permettant d'être nommés, quand ils seront parvenus à la 1re classe, à des emplois de payeurs centraux de 4e classe ou de percepteurs de 1re classe, dans la proportion des vacances annuelles.

Art. 45 *du projet de loi.* — D'après le projet de budget de 1887 du Ministre des finances, les inspecteurs sont rémunérés comme suit :

98 inspecteurs..	{ Traitements fixes....	525,000f	} 647.000f
	Frais de tournées....	122.000	

Notre nouvelle organisation donne :

220 inspecteurs..	{ Traitements fixes....	1.310.000f	} 1.640.000
	Frais de tournées....	330.000	
	Soit une différence en plus de....		993.000f

Cette augmentation est facile à expliquer et à justifier.

La suppression des receveurs particuliers des finances nécessite la formation d'un corps d'inspecteurs fortement constitué. Nous avons dû porter le nombre de ces employés supérieurs dont le rôle sera si utile et si important, à 220 au lieu de 98, soit 125 p. % en plus ; car il n'y a pas de département où il ne soit indispensable d'avoir au minimum deux inspecteurs, et dans beaucoup de départements ce nombre est insuffisant ; le tableau n° 5 fait connaître la répartition de ces 220 inspecteurs.

Le renforcement nécessaire des cadres produit une augmentation de 656.000 fr. de traitements fixes ; il ne reste donc qu'une somme en plus de 129.000 fr. au point de vue de ces traitements fixes.

Cette somme en plus provient de la nouvelle répartition par classe des inspecteurs et aussi de ce que nous avons attribué à la 1re classe un traitement fixe de 7.000 fr. Le nombre des inspecteurs étant devenu beaucoup plus considérable alors que celui des directeurs reste le même, il sera bien plus difficile que par le passé de parvenir au grade de directeur, et bien que nous ayons ouvert aux inspecteurs l'accès aux fonctions de payeurs centraux ou de percepteurs de 1re classe, il arrivera encore que, par la force des choses, bon nombre d'inspecteurs termineront leur carrière dans ce grade. Il était donc de toute justice de récompenser leurs services par un traitement fixe mieux en rapport avec leur situation d'employés supérieurs; le traitement fixe de 7.000 fr., on le voit, n'est donc pas trop élevé comme fin de carrière pour les inspecteurs de 1re classe.

En ce qui concerne les frais de tournées, l'augmentation totale par rapport au projet de budget du ministre pour 1887 est de 198.000 fr., dans laquelle la nouvelle création absorbe 143.000 fr.; il ne reste donc en plus que 55.000 fr.

Ces 55.000 fr. sont destinés à relever les frais de tournées pour ceux des inspecteurs qui ne touchent, de ce chef, qu'un chiffre au-dessous de 1.500 fr. et à uniformiser les frais de tournées de ces employés supérieurs, aujourd'hui qu'ils n'auront plus de circonscription fixe, qu'ils auront à se transporter sur tous les points du département, et que le nombre de leurs tournées par mois sera plus que doublé, par suite de leurs nouvelles obligations.

Dans l'administration des contributions indirectes, les inspecteurs reçoivent tous 1.500 fr. par an de frais de tournées et ils jouissent du permis de circulation sur les chemins de fer; ceci fera l'objet d'explications, au sujet de l'art. 60.

SECTION IV.

Commis de direction.

Art. 48, 49 *et* 50 *du projet de loi.* — Ces articles ont trait aux conditions de nomination et d'avancement des commis de direction et résument leurs attributions; ils ne font que consacrer et régulariser ce qui existe aujourd'hui.

Art. 52 *du projet de loi.* — Nous avons prévu le cas où les commis de direction, pour une cause quelconque, ne pourraient continuer leur service dans les bureaux et ne voudraient pas, néanmoins, rentrer dans le service actif; et nous leur avons réservé à cet effet, le droit à des perceptions, dans la proportion des vacances annuelles; ce sera du reste un excellent mode de recrutement pour les emplois de percepteurs.

Art. 51 *du projet de loi.* — Les commis de direction et les contrôleurs sont confondus dans le projet de budget pour 1887 du Ministre; à l'aide des tableaux du personnel, nous reconstituerons les cadres actuels de ces agents.

Nous trouvons, à peu près :

Commis principaux.
{ 1re classe : 13 à 4.000f = 52.000f
{ 2e classe : 24 à 3.500 = 84.000

Commis ordinaires.
{ 1re classe : 31 à 2.700 = 83.700
{ 2e classe : 19 à 2.100 = 39.900

259.600f

Notre organisation donne :

Commis principaux.
{ 1re classe : 40 à 4.500f = 180.000f
{ 2e classe : 40 à 4.000 = 160.000

Commis ordinaires.
{ 1re classe : 70 à 3.200 = 224.000
{ 2e classe : 70 à 2.800 = 196.000

760.000

Soit une différence en plus de.... 500.400f

Le nombre des commis de direction a été porté de 87 (2 pour la Seine) à 220, soit 152 p. % en plus et entraîne une augmentation de traitements fixes, proportionnelle, de 394.000 fr. Il reste donc en plus 106.400 fr. Cette somme provient de la répartition nouvelle par grade et par classe; elle provient aussi du relèvement, peu élevé d'ailleurs, des traitements fixes. Les commis de direction sont la vraie cheville ouvrière; ils ont à remplir une tâche lourde et complexe et il est nécessaire d'assurer leur recrutement, et par suite de rendre leur traitement fixe, dans chaque grade et dans chaque classe, un peu supérieur à celui des contrôleurs du service actif.

SECTION V.

Contrôleurs des contributions directes.

Art. 53 et 56 du projet de loi. — Ces articles règlent les conditions de nomination et d'avancement des contrôleurs, telles à peu près qu'elles sont établies aujourd'hui.

Art. 54 du projet de loi. — Il s'agit des fonctions des contrôleurs à qui nous confions la rédaction des états-matrices de la taxe municipale sur les chiens (1) et nous donnons une mission de surveillance et de vérification auprès des agents du recouvrement; nous avons parlé de ces nouvelles attributions dans les observations générales au sujet du titre III.

Art. 55 du projet de loi. — Des indications du projet de budget du Ministre pour 1887, nous extrayons les données ci-après :

928 contrôleurs de tout grade, traitements fixes . 2.280.500ᶠ
D'après notre organisation, ces traitements fixes
s'élèvent à.................................... 2.722.000
    Soit une différence en plus de......... 441.500ᶠ

(1) Réforme réalisée par le décret du 22 décembre 1886.

Cette augmentation peut tout d'abord paraître un peu élevée; il n'en est rien, cependant, si l'on examine attentivement la situation qui est faite aujourd'hui aux contrôleurs.

Faisons connaître qu'elle se décompose à peu près comme suit :

Relèvement des traitements fixes des contrôleurs de 3°, 2° et 1re classe et des contrôleurs hors classe.............. 380.000f

Majoration des traitements fixes des contrôleurs principaux de 2° classe........................ 30.000

Répartition un peu différente des grades et des classes 31.500

Total égal.......... 441.500f

Les contrôleurs de 3° classe, après 3 et même 4 ans de surnumérariat, débutent au traitement fixe de 1.500 fr. C'est vraiment insuffisant pour des agents qui sont munis du diplôme de bachelier et qui ne sont guère nommés avant 23 ou 24 ans. Et l'on reconnaîtra avec nous que le traitement de début n'est pas exagéré à 2.000 fr.

Après 3 ans au minimum dans la 3° classe, ils peuvent être élevés à la 2° classe, et après un même laps de temps dans la 2° classe, ils peuvent être promus à la 1re classe. Nous ne différencions le traitement de chaque classe que de 400 fr.

Les voilà donc arrivés à l'âge de 30 ans environ avec un traitement de 2.800 fr. Il pourra se trouver des personnes qui disent que ce traitement, à cet âge, est trop élevé; nous ne croyons pas qu'elles puissent le prouver d'une manière même à peu près convaincante.

Quant aux contrôleurs hors classe, nous leur attribuons un traitement de 3.000 fr.; mais c'est le couronnement de la carrière d'agents qui ne veulent pas d'avancement par suite de convenances personnelles ou qui ne peuvent pas y prétendre.

Enfin, les contrôleurs principaux de 2° classe n'ont aujourd'hui qu'un traitement de 3.200 fr. et il est à remarquer que pour ceux d'entre eux qui ne sont pas dans de grandes villes ou qui ne sont pas notés pour l'inspection, il faut parvenir à l'âge de 50 ans pour pouvoir être appelés à jouir de la 1re classe au traitement de 4.000 fr.

Nous majorons ce traitement de 300 fr. seulement, et nous le portons à 3.500 fr. Est-ce trop vraiment pour un agent, arrivé à l'âge de 38 à 40 ans, avec les nécessités actuelles de la vie et alors que dans l'enregistrement ou dans les perceptions, nous trouvons, au même âge, des traitements bien plus élevés?

Quant aux frais de tournées des contrôleurs de tout grade, ils sont actuellement tout à fait insuffisants, pour qui sait combien la vie a renchéri et renchérit tous les jours (aujourd'hui dans le plus petit village de campagne, on paye aussi cher que dans les hôtels de la ville!) Si les contrôleurs n'avaient pas quelques indemnités accessoires pour l'établissement des matrices des taxes assimilées, ils seraient obligés de faire une large brèche à leur traitement fixe pour suffire aux frais de leurs tournées.

Que leur resterait-il alors pour vivre et pour tenir honorablement leur position?

Les frais de tournées, au projet de budget pour 1887 du Ministre. sont portés à la somme de........................ 805.050ᶠ

Nous les élevons à celle de...................... 999.200

Soit une différence en plus de........... 194.150ᶠ

Et il s'agit de 928 agents dont 800 environ parcourent la campagne pendant près de huit mois de l'année, et dont les autres, parce qu'ils ont l'avantage d'habiter une ville, ont à payer des loyers de plus en plus chers. Et nous ferons remarquer que cette différence en plus s'applique pour 132.000 fr. aux contrôleurs de 3ᵉ, de 2ᵉ et de 1ʳᵉ classe, c'est-à-dire aux petits.

Si l'on veut que les agents se pénètrent de leurs devoirs, il faut les rémunérer, non pas largement, il y aurait trop à faire pour cela, mais au moins raisonnablement; il faut leur donner des traitements en rapport avec les exigences tous les jours croissantes de la vie; il faut surtout les encourager et les stimuler, pour qu'ils puissent faire rendre à l'État tout ce qui lui est légitimement dû. Dans ces temps où l'on semble vouloir réaliser quand même des économies, a-t-on songé que quelques centaines de mille francs, dispersées à propos sur la masse des fonctionnaires, seraient rendues par eux au centuple et produiraient des millions, sans pressurer aucunement les contribuables, sans leur donner même le prétexte de se plaindre, mais tout simplement en faisant rendre à l'impôt ce qu'il doit, en vertu de la loi et de sa sage application?

Nous n'insisterons pas davantage à ce sujet. « Faites-moi de » bonne politique, disait un ministre des finances éminent, je vous

» ferai de bonnes finances. » Payez vos fonctionnaires raisonnablement, nous permettrons-nous de dire à nos gouvernants, et vous
pourrez arriver à équilibrer les budgets sans courir à la recherche
d'impôts fantaisistes. On nous pardonnera cette boutade, nous
l'espérons, parce qu'elle est l'expression de la vérité.

Art. 57 du projet de loi. — Cet article est d'essence démocratique. Parce qu'il n'est pas entré dans les fonctions publiques
par la même porte que les agents de l'assiette, un percepteur ne
pourrait pas arriver aux grades les plus élevés de la hiérarchie,
dans l'administration dont il fait partie. Nous ne sommes pas de cet
avis et nous voulons que le percepteur qui se sera distingué par son
travail et son mérite ait la facilité, jusqu'à l'âge de trente ans (il
fallait établir une limite), de subir un examen qui lui permette de
prétendre, lui aussi, aux grades supérieurs.

Art. 58 du projet de loi. — Cet article a pour but d'ouvrir
l'accès de la perception aux contrôleurs qui, pour des raisons de
santé ou d'autres, ne pourront pas continuer un service essentiellement actif.

SECTION VI.

Dispositions communes aux agents de l'assiette.

Art. 59 du projet de loi. — Nous avons dit déjà que nous
voulons placer sous l'égide de la loi les fonctionnaires dont nous nous
occupons. En ordonnant l'insertion au *Journal officiel* de toutes
les nominations et de tous les avancements, nous empêchons que
la loi ne soit violée à leur endroit. C'est la seule garantie sérieuse
que nous puissions leur donner, puisqu'ils n'ont pas comme les
officiers, la propriété de leur grade, ni comme les magistrats,
l'inamovibilité.

Art. 60 *du projet de loi.* — Cet article a pour objet d'exercer une juste revendication au nom des directeurs, des inspecteurs et des contrôleurs des contributions directes.

Pourquoi les ingénieurs des ponts et chaussées, les directeurs et les inspecteurs des contributions indirectes, les directeurs et les inspecteurs des douanes, les inspecteurs des postes et des télégraphes et bien d'autres fonctionnaires seraient-ils seuls appelés à jouir du bénéfice du transport gratuit sur les chemins de fer? Leurs tournées sont faites dans l'intérêt du service public ; mais celles des agents des contributions directes n'ont pas d'autre but.

Parce que dans les cahiers des charges primitifs ou dans ceux modifiés lors des conventions, le privilège du transport gratuit a été accordé à un certain nombre de fonctionnaires et que, par oubli ou par toute autre cause, difficile à expliquer d'ailleurs, les agents des contributions directes n'ont pas été compris dans cette faveur, quoiqu'ils aient certainement autant et même plus de tournées à faire, est-ce vraiment une raison plausible de continuer à les traiter d'une manière moins favorable?

Nous ne le pensons pas et nous avons la confiance que les justes réclamations que nous émettons en leur nom seront écoutées.

Il est incontestable, du reste, que le transport gratuit que nous réclamons pour eux, sur les chemins de fer, serait profitable à la fois au Trésor et aux contribuables ; car il permettrait de suivre de plus près la matière imposable et il faciliterait les moyens de se mettre en relations avec les contribuables pour les éclairer sur leurs devoirs et sur leurs droits.

SECTION VII.

Percepteurs des contributions directes.

Art. 62, 63, 64, 76, 78 *et* 79 *du projet de loi.* — Ces articles ont trait aux conditions de recrutement, de nomination et d'avancement des percepteurs; nous avons emprunté la plupart des dispositions qu'ils renferment au projet de loi de M. Lelièvre, adopté par le Sénat, et nous en avons seulement ajouté quelques-unes.

Nous avons établi pour les percepteurs, dans la loi, une hiérarchie réelle et solide, des règles précises de nomination et d'avancement, et nous croyons pouvoir dire que ces avantages indiscutables seront accueillis avec reconnaissance par le plus grand nombre d'entre eux, à part seulement ceux dont les situations exceptionnelles cesseront d'exister.

Dans l'art. 63, nous avons appliqué au concours, pour l'admission des surnuméraires, les règles, usitées dans le service de l'assiette, du recrutement sur l'ensemble de la France, et non plus, comme cela se pratique aujourd'hui dans l'intérieur de chaque département; cette mesure ne pourra que produire d'excellents effets.

Art. 61 *du projet de loi.* — Cet article résume les attributions et les fonctions des percepteurs, lesquelles ont déjà été examinées par nous, à l'occasion d'articles précédents. Nous croyons utile, cependant, d'entrer encore dans quelques explications à ce sujet.

Les percepteurs des contributions directes ont actuellement pour chef de service le trésorier-payeur général duquel ils dépendent immédiatement dans l'arrondissement chef-lieu; ils sont sous les ordres directs des receveurs particuliers des finances dans les autres arrondissements.

Leurs fonctions actuelles sont multiples.

Ils sont d'abord les agents de l'État, nommés et révocables par lui, ayant comme leur nom l'indique, seuls titre pour effectuer le recouvrement des contributions directes et des taxes y assimilées.

Ils sont de droit, receveurs des communes, des hospices et des bureaux de bienfaisance, sauf le cas où la loi permet aux conseils municipaux et aux commissions administratives des établissements hospitaliers, de demander des receveurs spéciaux.

Ils prêtent leur concours dans des cas déterminés au service des caisses d'épargne.

Ils sont chargés de recouvrer le produit des amendes et condamnations judiciaires, ainsi que divers produits budgétaires.

Ils peuvent être chargés, sur la demande des commissions syndicales, du recouvrement et de l'emploi des fonds destinés aux travaux.

Ils concourent au travail annuel des mutations et ils ont mission de rédiger les états-matrices de la taxe municipale sur les chiens (1).

Enfin, ils ont diverses autres attributions que nous passons sous silence.

Toutes les attributions et fonctions qui leur sont dévolues à l'heure actuelle, nous les leur conservons; sauf en ce qui concerne la rédaction des états-matrices de la taxe sur les chiens; ce travail appartient aux agents de l'assiette, qui sont les contrôleurs, et c'est par une anomalie et une véritable confusion des attributions qu'il avait été confié aux agents du recouvrement (1).

Nous leur donnons en outre le soin de payer les coupons des rentes pour le compte de la Banque de France. Nous faisons un comptable du percepteur de la ville chef-lieu du département, sous le titre de *percepteur principal*, et nous conférons aux percepteurs des villes chefs-lieux de département ou d'arrondissement, où il n'existe pas de succursale de la Banque de France, des attributions spéciales que nous avons eu l'occasion d'expliquer plus haut.

Nous les faisons entrer dans l'administration des contributions directes à laquelle ils appartiennent déjà par leur nom, et nous les plaçons sous l'autorité du directeur, en les soumettant à la surveillance et à la vérification, entières, des inspecteurs, partielles et limitées, des contrôleurs.

(1) Réforme réalisée par le décret du 22 décembre 1886.

Art. 65 *du projet de loi.* — Cet article est l'un des plus importants de notre projet et il constitue une réforme essentielle; aussi entrerons-nous dans de longues explications.

Les percepteurs sont répartis aujourd'hui en cinq classes dans lesquelles le traitement, composé seulement de remises, varie de 1.200 fr. (Basses-Alpes), jusqu'à 55.088 fr. (Paris.)

La 1re classe comprend les emplois d'un produit supérieur à 8.000ᶠ
La 2e   —   —   de 5.001 à 8.000
La 3e   —   —   de 3.601 à 5.000
La 4e   —   —   de 2.601 à 3.600
La 5e   —   —   de 2.400 et au-dessous.

Dans notre projet, les perceptions sont divisées en sept classes, avec trois échelons pour la 1re classe et une situation particulière pour la ville de Paris. Ce nombre de classes permettra d'entretenir une saine émulation entre les divers agents et de récompenser les bons services.

En supposant qu'un surnuméraire soit nommé percepteur à l'âge de vingt-deux ans (il est rare qu'il puisse l'être avant vingt-trois ou vingt-quatre ans), et en admettant qu'il ne passe dans chaque classe que le temps strictement limité par la loi, c'est-à-dire trois ans, il arrivera à la 1re classe, au traitement fixe de 8.000 fr., vers l'âge de quarante-six ans; s'il met quatre ans à franchir chaque classe, ce qui est plus probable, ce traitement ne lui sera attribué qu'entre cinquante et cinquante-quatre ans, c'est-à-dire l'âge auquel, dans les diverses administrations, on est nommé directeur.

La situation exceptionnelle faite aux percepteurs de la ville de Paris, sauf la partie des vacances annuelles réservée au choix du Gouvernement, deviendra la récompense du travail et du mérite.

Pour donner aux percepteurs arrivés au sommet de l'échelle administrative les satisfactions réservées jusqu'ici aux chefs de service, nous avons indiqué que le percepteur de la ville chef-lieu du département serait toujours de 1re classe au traitement minimum de 8.000 fr. et que les percepteurs des villes chefs-lieux d'arrondissement seraient, certains de 1re classe, les autres au moins de 2e classe et exceptionnellement de 3e. Il est juste, en effet, qu'un fonctionnaire qui a bien servi son pays, jouisse, vers la fin de sa carrière, des agréments de la ville, au lieu de rester confiné dans un village ou dans un gros bourg.

En portant le traitement de début à 2,500 fr. et le traitement maximum à 12.000 fr. (à Paris, 16.000 et 20.000 fr.), avec des indemnités locales et spéciales, nous avons voulu faire disparaître les inégalités vraiment criantes qui se produisaient aujourd'hui, dans la 1re classe surtout. Nous avons établi les divers traitements fixes à des chiffres raisonnables, en tenant compte, dans cette fixation, de ce que la responsabilité des percepteurs se trouve un peu aggravée au point de vue du recouvrement des rôles, puisqu'ils restent seuls à la supporter, et aussi de leurs frais de tournées et de bureau.

Dans ces conditions, personne, nous le croyons, ne trouvera trop élevés le chiffre minimum de 2.500 fr., ni celui maximum de 12.000 fr.

Par l'allocation de traitements fixes, nous faisons cesser la situation des percepteurs, qui, tout en étant avant tout les agents de l'État, sont le plus souvent obligés de chercher à plaire, quand même, aux conseils municipaux, s'ils veulent obtenir le vote du supplément du dixième autorisé par l'art. 5 du décret du 27 juin 1876.

Enfin et surtout, et ceci est un point capital, nous supprimons le système des remises qui correspond si peu au *travail utile* et qui a eu pour résultat souvent de faire établir des circonscriptions bizarres et anormales en désaccord avec la topographie des lieux et les convenances des contribuables. Nous faisons par là des percepteurs de véritables agents de l'État, rétribués directement et seulement par lui, au moyen de traitements fixes (1) variant suivant les classes, en y ajoutant quelques indemnités accessoires en rapport avec des charges nouvelles ou des circonstances spéciales.

---

(1) On lit, dans l'exposé des motifs du projet de budget de 1888, pp. 87 et 88, à propos du rattachement aux recettes du budget ordinaire des 3 centimes pour frais de perception des centimes communaux, le passage ci-après :

« Il ne s'agit ici que d'une simple mesure d'ordre qui n'augmente ni ne diminue
» les charges des contribuables ou la somme encaissée par l'État. Mais elle est
» nécessaire pour poursuivre la réforme entreprise par le Ministre des finances, et
» qui consiste, d'une part, à reviser la circonscription des perceptions, et d'autre
» part, à remplacer les *remises proportionnelles* actuellement allouées aux percep-
» teurs pour le recouvrement de l'impôt, par un *traitement fixe*, suivant la marche
» inaugurée récemment à leur égard (Décret du 27 juin 1866), pour le service
» communal et hospitalier. »

La réforme que nous proposons est donc acceptée en principe, et il est à désirer qu'elle soit accompli le plus tôt possible, d'une manière générale et complète, par une mesure d'ensemble.

Cette suppression du système des remises, en outre des avantages incontestables qui frappent les yeux, en aura un tout particulier qui n'est pas le moins à apprécier, celui de simplifier les écritures d'une façon notable; car, dans l'instruction générale du 20 juin 1859 qui comprend 2255 articles, nous croyons pouvoir dire, sans être au-dessus de la vérité, que plus de 400 articles ont trait au calcul de ces remises, par les percepteurs d'abord, par les receveurs des finances ensuite, par le trésorier général après, et enfin en dernier ressort par les employés du Ministère, sans compter les difficultés que suscite l'application du décret du 27 juin 1876.

Ce serait un travail singulièrement intéressant que celui qui donnerait le nombre total des heures employées annuellement, dans toute la France, au calcul de ces remises, qui ferait connaître le nombre des mains de papier y utilisées et ferait ressortir le nombre des opérations d'arithmétique auxquelles il donne lieu.

L'adoption des traitements fixes n'entraînerait-elle que cette simplification énorme et cette simplification fût-elle la seule bonne raison à faire valoir pour la suppression du système des remises, qu'elle serait déjà plus que suffisante. Que de *paperasserie* nous supprimons d'un seul trait de plume!!!

Et à ce propos, nous ferons observer que la suppression des trésoriers-payeurs et des receveurs des finances et l'allocation de traitements fixes aux payeurs appelés à prendre certaines de leurs attributions auront pour effet d'amener aussi une simplification très grande dans les calculs à effectuer au Ministère.

Présentons une dernière observation au sujet du système des remises. Il est sérieusement question, en ce moment, de supprimer un certain nombre d'emplois de percepteurs et de modifier les circonscriptions de diverses perceptions. Si l'on conserve le système des remises, au lieu d'adopter celui des traitements fixes, on n'obtiendra, croyons-nous, qu'une économie bien faible, qui correspondra le plus souvent à l'application du taux de remises de 1 50 p. 0/0 au lieu de celui de 2 p. 0/0.

Cette remarque nous paraît être un argument de plus à invoquer en faveur de notre projet de nouvelle organisation.

Nous ne parlons pas, bien entendu, des remises que les percepteurs peuvent recevoir, en leur qualité de receveurs des associations syndicales. Ceci est tout à fait en dehors de notre projet et il est juste que des travaux extraordinaires entraînent un salaire spécial qui ne peut guère être basé que sur l'importance des services rendus et qui doit être établi, par suite, par des remises sur les recettes et sur les dépenses.

Nous nous occuperons maintenant des indemnités accessoires que nous allouons aux percepteurs, à l'art. 65, en faisant remarquer que, dans cette organisation nouvelle, elles ont pour objet de tenir compte de circonstances particulières, de nature à augmenter le travail des percepteurs et leur responsabilité.

1° *Indemnité à raison de 20 fr. par commune.*

Le nombre des communes de chaque perception est un des signes les plus apparents de l'importance du travail et des services à effectuer; il nous paraît juste d'en faire la base d'une indemnité spéciale qui servira à couvrir, en partie, les agents des frais de leurs tournées obligatoires.

2° *Indemnité à raison de 10 fr. par hospice et par bureau de bienfaisance.*

La rédaction des comptes de gestion et les diverses opérations à effectuer constituent un travail extraordinaire qu'il paraît équitable de rémunérer d'une manière spéciale.

3° *Indemnité de frais d'aide et de responsabilité aux percepteurs principaux.*

Il n'est pas douteux que les nouvelles obligations imposées à ces agents ne leur occasionnent un surcroît de travail et de responsabilité; beaucoup seront obligés, pour ne pas négliger les diverses parties de leur service, de prendre des auxiliaires; l'indemnité particulière qui leur est allouée est donc justifiée.

Nous la fixons à 6.000 fr. pour le percepteur principal de la Seine, et à 4.000 fr. pour les percepteurs des villes chefs-lieux de département où il n'existe pas de succursale de la Banque de France; cette indemnité a pour objet aussi de couvrir ces agents de la responsabilité qui leur incombera pour assurer des services spéciaux, comme le feront les percepteurs indiqués au n° 4.

Enfin, pour les autres percepteurs principaux, nous fixons leur indemnité de frais d'aide et de responsabilité à 3.000, 2.500 et 2.000 fr., suivant les classes dans lesquelles sont rangés les départements au point de vue des directions des contributions directes.

4° *Indemnité de frais d'aide et de responsabilité aux percepteurs des villes chefs-lieux d'arrondissement où il n'existe pas de succursale de la Banque de France.*

Ces percepteurs auront quelques-unes des attributions des receveurs des finances actuels; ils auront des fonds à recevoir, les dépenses publiques à assurer pour l'arrondissement. On ne pouvait leur imposer ces charges nouvelles sans leur attribuer en même temps une allocation particulière.

À défaut d'indications plus précises, nous avons pensé que le chiffre de la population de l'arrondissement était l'élément le plus propre à faire apprécier, d'une manière générale, l'importance des services relatifs à l'arrondissement.

Aussi nous allouons aux percepteurs, savoir :

1.000 fr., quand la population de l'arrondissement est au-dessous de 30,000 âmes;

1.500 fr., quand la population de l'arrondissement est de 30,000 à 60,000 âmes;

2.000 fr., quand la population de l'arrondissement est de 60,000 à 90,000 âmes;

2.500 fr., quand la population de l'arrondissement est de 90.000 à 120,000 âmes;

3.000 fr., quand la population de l'arrondissement est de 120,000 âmes et au-dessus.

Nous avons indiqué au n° 3 que l'indemnité de 4.000 fr. allouée à certains percepteurs principaux, comprenait aussi celle dont nous nous occupons ici.

5° *Indemnité de frais de loyer.*

3.000 fr. aux percepteurs de la ville de Paris;
1.000   —   de la banlieue de la Seine.
1.000   —   dans les villes où le service de la perception est divisé entre plusieurs agents.

Dans une grande ville, ou aux environs de Paris, les loyers sont plus chers que dans les petites villes, d'autant plus que les percepteurs sont obligés souvent de se loger dans un quartier déterminé ; il convenait d'allouer une indemnité de frais de loyer, relative surtout au bureau du percepteur.

6° Indemnité de frais de responsabilité aux percepteurs de certaines communes où le service de la dépense est exceptionnel.

Ce service de la dépense, dans certaines villes ou communes comme Cette, Port-Vendres, Calais, Saint-Germain-en-Laye, etc., engage la responsabilité du percepteur et lui crée un surcroît de travail ; il était juste de lui en tenir compte.

Ne connaissant pas toutes les perceptions qui se trouvent dans le cas de celles que nous venons de citer, nous en avons apprécié le nombre à 15.

7° Indemnité de 2 centimes par article de rôle, pour la distribution des avertissements aux contribuables.

Ils nous paraît utile de maintenir à cet endroit les dispositions actuelles et nous évaluons à 449.356 fr. la dépense de ce chef.

Art. 66 du projet de loi. — Le tableau annexé à la loi, sous le n° 8, fait connaître la situation actuelle des services de la perception avec la rémunération à l'aide de remises et donne le nombre des percepteurs par classe et le montant des frais pour chaque département.

Notre organisation nouvelle fait ressortir le nombre des percepteurs par classe, avec les traitements fixes attribués à chaque classe ou aux échelons de la 1re classe et le montant de ces traitements par département.

Ce tableau, en ce qui concerne le nouvel état de choses, nous a donné beaucoup de mal à établir, et voici les données générales sur lesquelles nous nous sommes basé.

Le nombre total des perceptions a été fixé de manière à ce que les comptables aient en moyenne 8 communes et une population de 8,000 habitants. La réduction, dans le nombre des perceptions actuellement existantes, est en moyenne de 14 p. % dans chaque département, sans dépasser jamais 20 p. %.

Le nombre des perceptions de 7e classe représente 10, 6 p. %, du nombre total. Dans le contrôle où l'accès direct sans surnumérariat est impossible et où le stage dans la 3e classe dure près de 4 ans, la proportion des agents de 3e classe est également de 10, 6 p. %.

Les perceptions de 1re classe ont été attribuées :

1° A tous les chefs-lieux de département (percepteurs principaux);

2° A toutes les villes où se trouve une succursale de la Banque de France;

3° A tous les chefs-lieux d'arrondissement dont les receveurs des finances touchent des émoluments supérieurs à 15.000 fr.;

4° A tous les chefs-lieux d'arrondissement dont l'arrondissement a plus de 150,000 habitants, ou bien quand le chef-lieu a plus de 20,000 âmes;

5° A toutes les autres communes ayant plus de 40,000 habitants.

En outre, 28 perceptions de 1re classe ont été maintenues dans des départements dont le nombre des 1res classes aurait diminué d'une manière trop sensible.

Des perceptions de 2e classe, et exceptionnellement de 3e, seront attribuées de droit :

1° A tous les chefs-lieux d'arrondissement n'appartenant pas à la 1re catégorie;

2° A toutes les autres villes ayant de 10,001 à 40,000 habitants ou étant le siège d'un contrôle principal; .

3° Enfin, à certaines perceptions d'une importance assez considérable pour exiger la gestion d'un percepteur expérimenté. Le nombre de ces dernières a été fixé en tenant compte du nombre actuel des perceptions dont les remises excèdent 6,000 fr. .

La nouvelle répartition des classes par département nous paraît pouvoir être opérée promptement et sans trop de difficultés.

Qu'une commission spéciale soit nommée dans chaque département pour établir les nouvelles circonscriptions d'après les données de notre tableau n° 8 et en s'y conformant strictement. Que cette commission dont feront partie le préfet, le directeur des contributions directes, l'inspecteur des contributions directes (nous ne parlons pas du trésorier-payeur général, puisque nous le supprimons), reçoive l'ordre de terminer son travail dans le délai d'un mois et que les travaux des diverses commissions soient transmis au Ministère où ils seront examinés, contrôlés et arrêtés définitivement, et en deux mois la réorganisation sera un fait accompli. Il suffira pour cela que le Ministre des finances le veuille et qu'il donne des ordres auxquels on doive obéir.

Art. 67 *du projet de loi.* — En supprimant les trésoriers-payeurs généraux et les receveurs particuliers des finances, nous avons enlevé à l'État une partie des garanties que lui assuraient ces fonctionnaires au point de vue du recouvrement intégral des rôles des contributions directes. Il est nécessaire de suppléer à la responsabilité des trésoriers généraux et des receveurs des finances.

Entrons d'abord dans quelques explications au sujet de cette responsabilité à l'heure présente.

Les percepteurs sont responsables de leur gestion envers l'État. Ce sont les trésoriers-payeurs généraux, pour l'arrondissement chef-lieu, et les receveurs des finances, pour les autres arrondissements, qui les couvrent de leur responsabilité.

Le receveur particulier des finances est responsable de sa gestion envers l'État, mais c'est le trésorier général qui le couvre de sa responsabilité vis-à-vis du Trésor public.

Enfin, le trésorier-payeur général est responsable vis-à-vis de l'État, personnellement, non seulement des actes de sa propre gestion, mais encore des actes de la gestion des percepteurs dans l'arrondissement chef-lieu et de ceux de la gestion des receveurs particuliers des finances, pour les autres arrondissements.

Pour compléter le recouvrement des impôts directs de chaque exercice, il est accordé un délai fixé au 30 novembre de l'année qui suit celle de l'exercice qui prend son nom.

A l'expiration de ce délai, le trésorier général, pour l'arrondissement chef-lieu et les receveurs des finances, pour leur arrondissement respectif, sont obligés de tenir compte à l'État, de leurs deniers personnels, de la partie des rôles qui n'aurait pas été soldée par des recouvrements réels sur les contribuables ou par des ordonnances de dégrèvement.

Les rôles de l'exercice, ainsi soldés au Trésor, restent entre les mains des percepteurs qui sont autorisés à poursuivre, au nom du Trésor, la rentrée des restes à recouvrer jusqu'à la fin de la 3e année de l'exercice. Les percepteurs qui ont laissé s'écouler les trois années pour l'apurement des rôles sans en terminer le recouvrement, sont tenus de solder, de leurs propres deniers, le montant des cotes ou portions de cotes restant alors à recouvrer. Ils demeurent néanmoins créanciers particuliers des contribuables et peuvent se faire payer par eux dans des conditions qui n'ont pas à être relatées ici.

De ce qui vient d'être exposé, il résulte que le Trésor public, dans le système actuel, est complètement garanti en ce qui a trait au recouvrement des impôts directs.

Au premier abord, la responsabilité des trésoriers-payeurs généraux paraît fort lourde, puisqu'elle embrasse non seulement les actes de leur propre gestion, mais aussi les actes de la gestion des comptables placés sous leurs ordres.

En réalité, hâtons-nous de le dire, en ce qui concerne le recouvrement des impôts directs, la responsabilité des trésoriers-payeurs généraux est bien plus nominale que réelle, et dans tous les cas, elle n'est que momentanée, puisque, en fait, la véritable responsabilité, la responsabilité effective, c'est celle des percepteurs.

Toute différée que soit cette dernière jusqu'à l'expiration de la 3e année, elle n'en reste pas moins entière pour eux, puisque, s'il y a des restes à recouvrer, ils sont tenus de les solder de leurs propres deniers, à la décharge du trésorier général et des receveurs particuliers.

Ces restes à recouvrer sont d'ailleurs très peu importants, les percepteurs ayant leur intérêt personnel en jeu.

Pour que l'État ne perde aucune de ses garanties par la suppression de la responsabilité des trésoriers généraux et des receveurs des finances, nous sommes amené à aggraver en quelque sorte, ou pour mieux dire, à *avancer* celle des percepteurs, en les obligeant à solder eux-mêmes, au 30 novembre de la 2e année de l'exercice, la partie des rôles impayée.

Mais, d'une part, par la surveillance incessante des contrôleurs et des inspecteurs des contributions directes, nous parvenons à hâter les rentrées, et il est certain que les restes à recouvrer à cette date du 30 novembre n'atteindront qu'un chiffre bien inférieur à celui qui pouvait être constaté dans l'ancien système.

D'autre part, nous autorisons les percepteurs à ne présenter leurs états de cotes irrecouvrables qu'à la fin du 3e mois, au lieu du 2e de la seconde année de l'exercice, afin de leur permettre de profiter de leurs tournées du mois de mars pour activer les recouvrements en retard. En outre, nous croyons devoir leur ouvrir une latitude nouvelle, celle de présenter le 1er décembre, le lendemain du jour où ils ont soldé les rôles, de nouveaux états de cotes irrecouvrables et nous prescrivons que l'instruction de ces états soit faite avant le 1er mai de la 3e année, de telle sorte que les dégrèvements qui seront alloués, puissent, le plus tôt possible, venir en déduction des avances personnelles que les percepteurs auront été obligés de faire.

Cette dernière mesure d'ailleurs n'est nouvelle qu'en ce que nous la rendons générale, sans la subordonner à certaines formalités préalables; car aujourd'hui il n'est pas rare que les percepteurs, ceux des villes surtout, après avoir présenté leurs états de cotes irrecouvrables dans les 2 mois de la 2e année de l'exercice, présentent plus tard de nouveaux états qui sont d'ordinaire admis à l'instruction et entraînent alors pour eux l'allocation en non-valeurs de cotes ou portions de cotes qu'ils justifient n'avoir pu recouvrer, malgré toutes les démarches nécessaires.

Enfin, pour tenir compte jusqu'à un certain point aux percepteurs de la responsabilité qui leur incombe, nous considérons qu'une partie de leur traitement fixe, que nous apprécions au quart, est destinée à les couvrir de cette responsabilité et de leurs frais de tournées et de bureau, et nous ne faisons pas porter sur ce quart la retenue pour le service des pensions civiles.

Si nous recherchons ce qui se passe, par exemple dans l'administration des contributions indirectes, nous voyons que les receveurs de ce service sont responsables des recouvrements, et cependant ils ont souvent à toucher des sommes bien plus élevées que celles comprises dans les rôles des contributions directes. Grâce à un système spécial de primes (nous ne croyons pas que ce système fût bon dans l'administration des contributions directes) et grâce surtout à la surveillance incessante exercée par les chefs de service, les restes à recouvrer sont insignifiants par rapport au montant des sommes à encaisser. Pourquoi les résultats obtenus dans cette administration, ne le seraient-ils pas dans celle des contributions directes? Tout est de le vouloir et d'y tenir la main.

En ce qui concerne la fixation des cautionnements des percepteurs, nous adoptons les errements actuels en portant le montant de ces cautionnements, savoir :

A 4 fois le montant du traitement fixe pour les percepteurs de Paris.

A 2 fois le montant du traitement fixe pour les percepteurs de la Corse.

A 3 fois le montant du traitement fixe pour tous les autres percepteurs.

Nous ne croyons pas qu'il soit utile de relever le chiffre du cautionnement pour les percepteurs principaux ni pour les percepteurs des villes, chefs-lieux d'arrondissement, où il n'existe pas de succursale de la Banque de France.

Art. 68 et 69 du projet de loi. — La nouvelle organisation du service des contributions directes nous amène à dire quelques mots de l'admission des sous-officiers à des emplois de percepteurs.

La loi du 24 juillet 1873, art. 1er, ordonne que le tiers des perceptions de 4e et de 5e classe doit être réservé, dans la proportion des vacances annuelles, aux sous-officiers ayant passé douze ans sous les drapeaux, dans l'armée active, dont quatre avec le grade de sous-officier.

Le tableau des perceptions (voir tableau n° 9) donne pour le moment   140 perceptions de 5e classe ;

  1,113   —   de 4e —

Total... 1,253

Notre organisation fait ressortir le nombre des perceptions de 7e classe à 478 et celui des perceptions de sixième classe à.......... 989

Total...... 1,467

Les modifications que nous proposons d'apporter à la loi de 1873, sont de substituer les mots de 6e et de 7e classe à ceux de 4e et de 5e classe et fixer à 30 p. °/₀ le nombre des perceptions qui sera réservé aux sous-officiers dans la proportion des vacances annuelles ; elles maintiennent, par suite, dans leur entier, les avantages que la loi du 24 juillet 1873 a entendu faire aux sous-officiers.

Les sous-officiers passent devant une commission constituée au corps, aux termes du décret du 28 octobre 1874, un examen spécial. Ils subissent ensuite un second examen professionnel devant une commission nouvelle, composée d'un officier général, de deux officiers et de deux fonctionnaires désignés par le préfet.

Nous pouvons dire, et ceci par expérience, que ces examens professionnels ne présentent pas les garanties nécessaires, soit au point de vue des intérêts de l'État, soit au point de vue des intérêts, bien entendus, des sous-officiers. Ces derniers, en effet, quoique n'étant pas préparés par des études sérieuses aux fonctions auxquelles ils se destinent, sont généralement admis par un esprit de bienveillance peut-être exagéré, et plus tard, sauf de rares exceptions, quand ils sont appelés à des emplois de percepteur, ou bien ils végètent, ou bien ils sont tout à fait insuffisants.

Nous pensons que ce n'est pas là le but que la loi de 1873 s'est proposé d'atteindre, en ouvrant aux sous-officiers, après qu'ils ont passé sous les drapeaux un temps déterminé, l'entrée d'une carrière civile et la possibilité d'y faire leur chemin.

Quand les sous-officiers sortent du régiment, ceux qui n'ont pas de fortune personnelle, et c'est le plus grand nombre, n'ont pas le temps d'attendre une position ni de faire des études pour l'obtenir; il faut qu'ils se casent au plus tôt, et alors ils recherchent surtout les situations qui s'offrent à eux le plus promptement possible. C'est ce qui explique que la perspective d'obtenir une position civile, après les douze années de service exigées, ne retienne pas sous les drapeaux un plus grand nombre de sous-officiers; c'est ce qui explique aussi que ceux qui sollicitent des emplois de percepteurs, aient généralement une instruction moins satisfaisante que ceux qui trouvent à se placer dès leur sortie des rangs.

Nous croyons avoir trouvé un moyen pratique d'obvier à ces graves inconvénients. Il suffirait de décider que les sous-officiers qui, après l'examen passé au corps, seraient déclarés aptes à entrer dans les fonctions publiques, seraient conservés par l'État, dans les casernes du chef-lieu du département, pendant une année ou deux au plus.

Comme précédemment, ils seraient logés, nourris et vêtus aux frais de l'État et ils recevraient, en outre, une haute paye que l'on peut fixer à un franc par jour.

Ils seraient dispensés de tout service militaire; ils seraient astreints, ceux qui se destineraient à des perceptions, à travailler dans les bureaux du directeur des contributions directes, aux ordres duquel ils auraient à obéir entièrement. Après un stage d'un an ou de deux ans au plus, ils seraient appelés à subir un examen professionnel devant une commission instituée à cet effet; ils pourraient ensuite être nommés à des perceptions de 6e ou de 7e classe, suivant les circonstances et ils resteraient à la caserne dans les conditions précitées jusqu'au jour où ils seraient pourvus d'un emploi.

Ceux qui, après deux ans de stage, n'auraient pas subi avec succès l'examen professionnel, seraient tout simplement renvoyés dans leurs foyers, et comme l'État aurait tout fait pour leur ménager l'accès d'une carrière civile, ils ne pourraient s'en prendre qu'à eux-mêmes de n'avoir pas suffisamment travaillé pour l'obtenir.

Nous ne savons pas quelle pourrait être la dépense; nous croyons qu'elle ne serait pas fort élevée; mais, le fût-elle même, nous pensons qu'on devrait ne pas hésiter à la faire et qu'il n'y aurait pas lieu de la regretter.

La mesure que nous proposons serait réellement avantageuse à l'armée, en lui permettant de conserver plus aisément qu'aujourd'hui des sous-officiers; elle serait fort avantageuse aussi à ces derniers en leur donnant non seulement une plus grande facilité d'obtenir des emplois civils, mais encore la possibilité de les remplir convenablement et de ne pas s'exposer à végéter, toute leur vie, dans les grades inférieurs; enfin, elle assurerait à l'État toutes les garanties de capacité qu'il est en droit de réclamer des comptables appelés à gérer les deniers publics.

Art. 70, 71, 72, 73, 74, 75 *du projet de loi.* — Ces articles ont trait à l'admission, aux emplois de percepteurs, des candidats exceptionnels; ils ne paraissent pas nécessiter d'explications.

Nous ferons remarquer qu'à l'art. 71 nous avons réservé au choix du Gouvernement 10 p. % des perceptions de toutes les classes, dans la proportion des vacances annuelles. Nous croyons cette disposition sage et utile, et nous pensons surtout qu'il était nécessaire de l'inscrire dans la loi, comme nous l'avons fait, à l'art. 21, à propos du 1/3 des vacances annuelles des emplois de payeurs centraux, réservé au choix du Gouvernement.

Le tableau de même nature, annexé au projet de loi sur les percepteurs de M. Lelièvre, nous a servi à établir notre tableau n° 10, relaté à l'art. 74 de la loi, pour faire connaître la proportion des vacances annuelles, dans les perceptions des diverses classes, dont pourront profiter les candidats exceptionnels, les percepteurs surnuméraires et les percepteurs.

Art. 77 du projet de loi. — Cet article n'a pas besoin d'explications.

Art. 80 du projet de loi. — C'est pour donner une sanction à la loi que nous voulons que ce qui se fait aujourd'hui, du reste, à l'endroit des positions civiles accordées aux sous-officiers, soit généralisé et appliqué à toutes les nominations de percepteurs faites dans le courant de chaque année.

SECTION VIII.

Receveurs spéciaux des communes et des établissements hospitaliers.

Art. 81 du projet de loi. — D'après les relevés que nous avons faits sur l'agenda des percepteurs de 1886, il y avait en 1884 885 receveurs spéciaux touchant 3.178.142 fr. de remises, soit une moyenne de 3.591 fr.; dans ce nombre nous trouvons 53 receveurs dont le traitement varie entre 8.001 et 51.000 fr., soit une moyenne de 14.050 fr. C'est beaucoup pour ces derniers; mais des causes spéciales tendent à rendre ces traitements élevés, notamment le chiffre des cautionnements qui est de cinq fois le montant des émoluments, les receveurs spéciaux n'étant couverts par aucune autre responsabilité que la leur.

Nous avons étudié la question de savoir si l'on ne pourrait pas enlever aux percepteurs leurs attributions en qualité de receveurs des communes et des établissements hospitaliers, et former un corps à part de receveurs spéciaux, fonctionnaires de l'État, rétribués directement par lui. Mais il fallait créer au moins 2,820 receveurs spéciaux, un par canton, et bouleverser toutes les circonscriptions des perceptions, puisqu'on exonérait leurs titulaires de la partie la plus difficile de leurs fonctions. Il s'agissait de toucher à des prérogatives consacrées par la loi, prérogatives dont se montrent fort jaloux les conseils municipaux et les commissions administratives des établissements hospitaliers. En présence de ces inconvénients graves et multiples, nous pensons, après mûr examen, qu'il convient de laisser les choses en l'état.

Mais nous plaçons les receveurs spéciaux sous l'autorité directe et immédiate des directeurs des contributions directes qui seront appelés à donner leur avis sur leur nomination, et nous les soumettons à la surveillance et aux vérifications des contrôleurs et des inspecteurs, au même titre absolument que les percepteurs.

Ce sont là des garanties utiles et nécessaires de bonne gestion, dans l'intérêt non seulement des redevables, mais encore des communes et des établissements hospitaliers.

SECTION IX.

Surnuméraires des contributions directes.

Art. 82, 83, 84 et 85 du projet de loi. — Ces articles ont trait aux conditions d'admission des surnuméraires et appliquent aux surnuméraires percepteurs les règles établies aujourd'hui en ce qui concerne les surnuméraires contrôleurs.

OBSERVATIONS FINALES AU SUJET DU TITRE III.

Nous résumerons ci-après les traitements et indemnités diverses des agents de l'administration des contributions directes, d'après notre organisation nouvelle.

Nous dirons quelques mots au sujet du § 6, *Objets divers*.

Nous ne pensons pas que la somme de 50.000 fr., pour indemnités aux agents chargés d'intérims et de missions spéciales soit trop élevée pour un personnel de 6,000 agents au moins.

L'indemnité annuelle de 600 fr. à 300 surnuméraires s'applique d'abord aux 100 surnuméraires de l'assiette qui en jouissent aujourd'hui; nous accordons une indemnité semblable à 200 surnuméraires du recouvrement; il n'est que juste de les traiter sur le même pied les uns et les autres.

Nous portons 300.000 fr. pour secours et dépenses imprévues, réunissant en un seul chapitre les sommes qui étaient allouées au projet de budget du Ministre pour 1887, savoir : chap. 63, art. 3, sommes et dépenses imprévues; service de l'assiette, 21.500 fr.; chap. 75, secours aux percepteurs réformés, etc., 200.000 fr.

Nous élevons le chiffre à 300.000 fr., au lieu de celui de 221.500 fr.; c'est bien peu encore si l'on songe au grand nombre d'infortunes à soulager.

ADMINISTRATION DES CONTRIBUTIONS DIRECTES.

§ 1er. — Directeurs.

1° Traitements fixes.

25 directeurs de 1re classe à 12.000f .	= 300.000f	⎫	
30 — de 2e — à 10.000 .	= 300.000	⎬	848.000f
31 — de 3e — à 8.000 .	= 248.000	⎭	
86			

2° Frais de personnel, de matériel et de loyer.

15 directions de 1re classe à 20.000f .	= 300.000f	⎫	
20 — de 2e — à 15.000 .	= 300 000	⎬	1.160.000
25 — de 3e — à 12.000 .	= 300.000		
26 — de 4e — à 10.000 .	= 260.000	⎭	
86	1er TOTAL............		2.008.000f

§ 2. — Inspecteurs.

1° Traitements fixes.

```
70 inspecteurs de 1re classe à 7.000f . = 490.000f )
70      —      de 2e  —  à 6.000 . = 420.000   }  1.310.000f
80      —      de 3e  —  à 5.000 . = 400.000   )
───
220
```

2° Frais de tournées.

220 inspecteurs à 1.500f .... = 330.000f =   330.000

2e TOTAL............ 1.640.000f

§ 3. — Commis de Direction.

1° Traitements fixes.

```
COMMIS        ( 40 de 1re classe à 4.500f = 180.000f )
principaux...( 40 de 2e    —   à 4.000 = 160.000   }  340.000f
COMMIS        ( 70 de 1re   —   à 3.200 = 224.000  )
de 1re et 2e cl.( 70 de 2e   —   à 2.800 = 196.000 }  420.000
              ───
              220
```

2° Frais d'indemnité de confection des rôles, etc.

```
64 commis dans les directions de 1re classe à 1.000f )
54      —                      de 2e  —  à  800  }
50      —                      de 3e  —  à  650  }  MÉMOIRE.
52      —                      de 4e  —  à  550  )
───
220                          3e TOTAL............  760.000f
```

Cette indemnité est imputée sur le fonds de non-valeurs des 4 contributions directes.

§ 4. — Contrôleurs.

1° Traitements fixes.

CONTRÔLEURS principaux hors classe...	40 à 4.800ᶠ .... = 192.000ᶠ	
CONTRÔLEURS principaux de Paris.....	46 à 4.500 .... = 207.000	
CONTRÔLEURS principaux...	85 de 1ʳᵉ classe à 4.000ᶠ = 340.000 98 de 2° — à 3.500 = 343.000	2.722.000ᶠ
CONTRÔLEURS hors classe......	50 à 3.000ᶠ .... = 150.000	
CONTRÔLEURS de 1ʳᵉ, 2° et 3° classe...	220 de 1ʳᵉ classe à 2.800ᶠ = 616.000 240 de 2° — à 2.400 = 576.000 149 de 3° — à 2.000 = 298.000	

2° Frais de tournées.

Contrôleurs principaux de Paris et de la banlieue de la Seine..............	58 à 1.500ᶠ = 87.000ᶠ	
Contrôl. princ. hors cl. et contrôl. princ. de 1ʳᵉ et de 2ᵈ classe...........	211 à 1.200 = 253.200	999.200
Contrôleurs hors classe, contrôl. de 1ʳᵉ, 2° et 3° cl.	659 à 1.000 = 659.000	
928	4° TOTAL........	**3.721.200ᶠ**

§ 5. — Percepteurs.

1° Traitements fixes.

PERCEPTEURS DE PARIS.	23 à 20.000ᶠ........ = 460.000ᶠ 14 à 16.000 .... = 224.000	
PERCEPTEURS DE 1ʳᵉ CLASSE.	89 à 12.000 .... = 1.068.000 50 à 10.000 .... = 500.000 113 à 8.000 .... = 904.000	3.156.000ᶠ
	A reporter..........	3.156.000ᶠ

Report..... 3.156.000f

$$
\text{PERCEPTEURS DE} \left\{
\begin{array}{l}
\text{2}^e \text{ classe, } 296 \text{ à } 7.000^f = 2.072.000^f \\
\text{3}^e \quad - \quad 409 \text{ à } 6.000 = 2.454.000 \\
\text{4}^e \quad - \quad 894 \text{ à } 5.000 = 4.470.000 \\
\text{5}^e \quad - \quad 1.147 \text{ à } 4.000 = 4.588.000 \\
\text{6}^e \quad - \quad 989 \text{ à } 3.200 = 3.164.800 \\
\text{7}^e \quad - \quad 478 \text{ à } 2.500 = 1.195.000 \\
\hline
\quad\quad\quad 4.502
\end{array}
\right\} 17.943.800
$$

2° *Indemnités diverses.*

A Indemnité par commune :

36.311 communes à 20f .... = 726.220f
42 perceptions multiples à 20f .... = 840 } 727.060

B Indemnité par hospice et par bureau de bienfaisance :

14.262 à 10f .... = 142.620f 142.620

c Indemnité de frais d'aide, de responsabilité et de loyer des percepteurs principaux :

1 à Paris à 6.000f .... = 6.000f
27 à 4.000f .... = 108.000
16 à 3.000 .... = 48.000 } 256.000
20 à 2.500 .... = 50.000
22 à 2.000 .... = 44.000
—
86

D Indemnité de frais d'aide et de responsabilité aux percepteurs des villes chefs-lieux d'arrondissement où il n'existe pas de succursale de la Banque de France :

21 percepteurs à 3.000f .... = 63.000f
30 — à 2.500 .... = 75.000
90 — à 2.000 .... = 180.000 } 447.500
81 — à 1.500 .... = 121.500
8 — à 1.000 .... = 8.000
—
230

A *reporter*...... 22.672.980f

Report..... 22.672.980^f

E Indemnité de frais de loyer :

36 percepteurs de Paris à 3.000...... = 108.000^f
19 percepteurs de la banlieue de la Seine
   à 1.000^f.......................... 19.000   175.000
48 percepteurs des villes où le service est di-
   visé en plusieurs perceptions, à 1.000^f . 48.000

F Indemnité des frais de responsabilité aux percepteurs de certaines communes où le service des dépenses est exceptionnel :

15 percepteurs à 1.000^f = 15,000^f 15.000

G Indemnité de 2 centimes par article de rôle, pour la distribution des avertissements, ci....................   449.356

5e TOTAL........ 23.312.336^f

§ 6. — Objets divers.

1° Indemnités aux agents chargés d'intérims et de missions spéciales...............................   50.000^f
2° Indemnité à 300 surnuméraires, 300×600=180.000^f   180.000
4° Secours et dépenses imprévues..................   300.000
5° Indemnités et secours aux porteurs de contraintes..   469.000

6e TOTAL........ 999.000^f

RÉCAPITULATION.

1er TOTAL. Directeurs.............................   2.008.000^f
2e   —   Inspecteurs..............................   1.640.000
3e   —   Commis de direction......................   760.000
4e   —   Contrôleurs.............................   3.721.200
5e   —   Percepteurs.............................   23.312.336
6e   —   Objets divers...........................   999.000

TOTAL GÉNÉRAL........ 32.440.536^f

Enfin, nous ferons ressortir dans le tableau ci-dessous les effets financiers de notre projet de réorganisation, par rapport à l'état des choses actuel.

PARTIES PRENANTES.	SITUATION EN 1886.			SITUATION D'APRÈS NOTRE PROJET.		
	ÉMOLUMENTS SERVIS			ÉMOLUMENTS SERVIS		
	par l'État.	par les communes et les établissements hospitaliers.	TOTAL.	par l'État.	par les communes et les établissements hospitaliers.	TOTAL.
Trésoriers-payeurs généraux.......	10.284.813ᶠ	»	10.284.813ᶠ	»	»	»
Receveurs particuliers des finances.	3.560.955	»	3.560.955	»	»	»
Payeurs centraux, payeurs adjoints, chefs de comptabilité, caissiers et employés.......	»	»	»	3.017.000ᶠ	»	3.017.000ᶠ
Percepteurs	13.544.898	15.515.979ᶠ	29.060.877	»	»	»
Administration des contributions directes..........	5.221.130	»	5.221.130	16.924.557	15.515.979ᶠ	32.440.536
Totaux....	32.611.796ᶠ	15.515.979ᶠ	48.127.775ᶠ	19.941.557ᶠ	15.515.979ᶠ	35.457.536ᶠ
Différence en moins						12.670.239ᶠ

Nous réalisons donc, par rapport à 1886, une économie totale de 12,670,239 fr.

TITRE IV.

REMBOURSEMENT DES CAUTIONNEMENTS ET DES COMPTES COURANTS, RETRAITES, ETC.

Art. 86 du projet de loi. — La suppression des trésoriers-payeurs généraux et des receveurs particuliers des finances, et les modifications apportées aux traitements des percepteurs, entraînent pour l'État l'obligation de rembourser à bref délai les cautionnements et les excédents de cautionnements, et aussi les comptes courants.

Or, les cautionnements s'élèvent environ aux chiffres ci-après :

Trésoriers-payeurs généraux (Projet de budget du Ministre
    pour 1887)..................................... 28.216.000ᶠ
Receveurs particuliers des finances (Agenda de 1886). 16.922.700
Percepteurs (Agenda de 1886)................. 84.626.553
Il faut ajouter pour les comptes courants, d'après
    le projet de budget du Ministre pour 1887, une
    somme d'environ......................... 100.000.000

               TOTAL........ 229.765.253ᶠ

D'après notre nouvelle organisation, les cautionnements des payeurs centraux et des payeurs adjoints, et ceux de leurs chefs de comptabilité et caissiers, et les cautionnements des percepteurs sont établis comme suit :

PAYEURS CEN-TRAUX : 4 fois le montant de leur traitement fixe.				
	1ʳᵉ classe, 15 à 60.000ᶠ =	900.000ᶠ		
	2ᵉ — 20 à 48.000 =	960.000		3.692.000ᶠ
	3ᵉ — 25 à 40.000 =	1.000.000		
	4ᵉ — 26 à 32.000 =	832.000		

                         A reporter... 3.692.000ᶠ

			Report........	3.692.000ᶠ

PAYEURS ADJOINTS : 4 fois le montant de leur traitement fixe.	1ʳᵉ classe, 10 à 28.000ᶠ =	280.000ᶠ		520.000
	2ᵉ — 10 à 24.000 =	240.000		

CHEFS DE COMPTABILITÉ DES PAYEURS : Le montant de leur traitement fixe.	1ʳᵉ classe, 25 à 4.500ᶠ =	112.500ᶠ		395.500
	2ᵉ — 25 à 4.000 =	100.000		
	3ᵉ — 30 à 3.500 =	105.000		
	4ᵉ — 26 à 3.000 =	78.000		

CAISSIERS DES PAYEURS : Le montant de leur traitement fixe.	1ʳᵉ classe, 25 à 4.000ᶠ =	100.000ᶠ		342.500
	2ᵉ — 25 à 3.500 =	87.500		
	3ᵉ — 30 à 3.000 =	90.000		
	4ᵉ — 26 à 2.500 =	65.000		

PERCEPTEURS.

Percepteurs de la ville de Paris :
4 fois le montant de leur traitement fixe,
soit 684.000 × 4 = 2.736.000ᶠ
Percepteurs de la Corse :
2 fois le montant de leur traitement fixe,
soit 149.600 × 2 = 299.200
Autres percepteurs :
3 fois le montant de leur traitement fixe,
soit 20.266.200 × 3 = 60.798.600

63.833.800

TOTAL des cautionnements..... 68.783.800ᶠ

Le total des comptes courants et des cautionnements indiqué d'autre part, s'élevant à.................... 229.765.253

Il reste à rembourser une somme de... 160.981.453

Soit en chiffres ronds une somme de 161 millions.

Nous indiquons à l'art. 104, comment dans notre projet nous arrivons à pourvoir à ce remboursement, sans demander aucun sacrifice à l'État.

Art. 87 du projet de loi. — Après avoir entouré de toutes les garanties de la loi les conditions de nomination et d'avancement des fonctionnaires dont nous nous sommes occupé, il nous a paru nécessaire de préciser aussi dans la loi les conditions dans lesquelles ces fonctionnaires pourront être mis à la retraite sur leur demande ou y seront mis d'office.

C'est l'objet de l'art. 87.

Art. 88 *du projet de loi.* — Nous pensons que les retenues pour le service des pensions civiles devront porter sur l'intégralité des traitements fixes des payeurs centraux, des payeurs adjoints, des chefs de comptabilité, caissiers et employés rétribués par l'État, des payeurs ; des directeurs, commis de direction, inspecteurs et contrôleurs des contributions directes.

Si nous avons apporté une exception à cette règle, en ce qui concerne les percepteurs, en ne faisant, pour eux, porter les retenues que sur les 3/4 de leurs traitements fixes, c'est que nous avons considéré, nous l'avons dit déjà, que le quart de ces traitements fixes servirait à les couvrir de leur responsabilité au point de vue du recouvrement des rôles des contributions directes.

Art. 89 *du projet de loi.* — Trop souvent des agents qui n'ont été admis dans les cadres que par un esprit de bienveillance peut-être exagéré, donnent pendant tout le cours de leur carrière de graves et constants sujets de mécontentement, et par leur négligence et leur peu de souci de leurs devoirs, font perdre à l'État des sommes élevées. Nous ne sommes pas partisan des mesures de rigueur poussées à l'excès. Mais il nous a paru bon de rappeler à ces agents, dans la loi, que l'État pourra les remercier.

Nous nous sommes arrêté à l'âge de 30 ans, parce qu'à cet âge-là, il est rare que les mauvais agents viennent à s'améliorer, et nous avons cru juste que l'État rendît aux agents qu'il renverrait, les sommes versées par ceux-ci pour le service des pensions civiles, mais sans intérêts.

TITRE V.

DISPOSITIONS DIVERSES.

Art. 90 *du projet de loi.* — L'essence des rôles des contributions directes est d'être nominatifs, c'est-à-dire de relater les noms des contribuables, les bases de cotisation, et le montant des sommes dues par chacun.

Mais le rôle est une pièce comptable qui doit rester entre les mains du percepteur chargé d'en opérer le recouvrement, et il ne saurait sans inconvénient être communiqué à tout le monde et à toute réquisition.

Il a été jugé nécessaire pour permettre à chaque redevable de savoir exactement quelle somme lui est imposée dans le rôle, de lui délivrer, en ce qui le concerne, une copie de ce rôle qu'on appelle *l'avertissement* et qui présente d'ailleurs divers renseignements utiles à consulter par lui, notamment certaines dispositions législatives, la date de la publication du rôle, qui sert de point de départ aux réclamations, etc.

Cette mesure qui est de nature à prévenir bien des abus a été adoptée à l'origine, en ce qui a trait aux rôles des quatre contributions directes et étendue ensuite à la plupart des taxes assimilées; elle n'a produit du reste que d'excellents résultats, et personne n'admettrait aujourd'hui qu'on cessât de l'appliquer.

Par une anomalie qu'il est bien difficile de justifier d'une manière péremptoire, il a été fait plusieurs dérogations à cette règle, que l'on peut qualifier d'ordre public. Ainsi actuellement, le directeur des contributions directes ne rédige pas d'avertissement pour les rôles des frais de vérification des poids et mesures et des alcoomètres, ni pour les rôles des droits de visite chez les pharmaciens; il n'en délivre pas non plus pour les cotes inférieures à 1 fr. dans les rôles spéciaux d'impositions extraordinaires et dans les rôles pour frais de bourses et de chambres de commerce.

On objectera que les percepteurs sont tenus alors d'adresser gratuitement aux contribuables que concernent les articles de rôle pour lesquels il n'est pas délivré d'avertissement, un avis sommaire qui tient lieu de sommation sans frais. Mais cette prescription, en admettant qu'elle soit toujours exécutée, n'est pas une garantie suffisante pour le contribuable, et elle occasionne au percepteur des travaux d'écriture dont il y aurait utilité à l'affranchir.

Il paraît indispensable que cette exception au droit commun soit rapportée; que tout article de rôle dressé par les soins du directeur, quel qu'en soit le montant, donne lieu à la délivrance par lui d'un avertissement, lequel est la vraie garantie du contribuable contre toute prétention abusive, et qui le tient au courant de ses devoirs et de ses droits. En définitive, du reste, c'est le contribuable qui paye les frais de l'avertissement, et jamais il ne s'est plaint de voir ajouter à cet effet 5 centimes à sa cote, alors même que cette cote, et le fait se présente assez souvent dans les rôles des contributions directes, est inférieure au coût de l'avertissement.

Nous apprécions à 67.620 fr. environ, la dépense occasionnée par la délivrance des avertissements, soit pour 2,254,000 articles, à décomposer comme il suit :

Poids et mesures et alcoomètres...	1,440,000	articles.
Droits de visite	84,000	—
Rôles spéciaux	610,000	— en plus.
Bourses et chambres de commerce.	120,000	— —
TOTAL....	2,254,000	articles.

Et comme nous l'avons dit plus haut, les 5 centimes ajoutés à chaque cote, seraient payés par les contribuables et se diviseraient en 3 centimes au directeur pour frais d'impression et de confection, et 2 centimes au percepteur pour frais de distribution. L'État n'aurait donc aucun frais à supporter.

Art. 91 *et* 92 *du projet de loi.* — Aux termes de la loi du 3 frimaire an **VIII** et de diverses lois subséquentes, c'est le directeur des contributions directes qui est chargé de confectionner les rôles et les avertissements, savoir :

Rôles des quatre contributions directes ;

Rôles des taxes assimilées perçues au profit de l'État ;

Rôles des frais de bourses et de chambres de commerce ;

Rôles de la taxe municipale sur les chiens, et de celle des prestations en nature.

Il faut remarquer que certaines des taxes assimilées perçues au profit de l'État (redevances des mines, frais de vérification des poids et mesures et des alcoomètres, droits de visite chez les pharmaciens) ne sont pas établies par le service des contributions directes ; il en est de même encore pour la taxe municipale sur les chiens (1).

Or, toutes les taxes dont nous proposons de faire confectionner les rôles et les avertissements par le directeur ont avec les taxes dont nous venons de parler certains points d'analogie très marqués. Les rôles sont homologués par le préfet ; ils sont recouvrés comme en matière de contributions directes ; les réclamations sont jugées par le conseil de préfecture.

Le système actuel de la confection des rôles dont nous nous occupons, présente de sérieux inconvénients et ne nous paraît pas d'une bonne administration. L'argent des contribuables est chose sacrée, et quand on le leur réclame, en vertu de rôles nominatifs que la loi a autorisé à établir, on ne saurait trop leur donner de garanties, d'autant plus que ces rôles atteignent souvent des sommes fort élevées.

Ces rôles sont confectionnés un peu par tout le monde, par les directeurs ou les receveurs des associations syndicales, par les secrétaires des mairies, par les percepteurs, etc. Ils sont dressés sous différentes formes, sans clarté ni unité. Souvent, ils ne sont établis que fort tard, dans le courant du 2ᵉ semestre, ce qui peut entraver le recouvrement et devenir une cause d'embarras pour les redevables ; parfois, il n'est pas délivré d'avertissement.

Leur rédaction n'offre que des garanties insuffisantes d'exactitude,

---

(1) Le décret du 22 décembre 1886 a confié aux contrôleurs des contributions directes la rédaction des états-matrices de la taxe municipale sur les chiens.

et il n'est pas rare de rencontrer des rôles de syndicats, où les mutations n'ont pas été opérées depuis de longues années; nous avons nous-même constaté le fait.

Tous ces inconvénients et bien d'autres disparaîtront pour la plupart si l'on confie au directeur le soin de confectionner ces rôles et de former des avertissements pour tous les articles de rôle.

Les principaux avantages que nous faisons valoir sont les suivants :

1° Les rôles seront dressés sur des modèles uniformes, ainsi que les avertissements, et il sera délivré un avertissement pour chaque article de rôle.

2° Ils seront émis dans le 1er trimestre et au plus tard dans le 4e mois de l'année; ils seront soumis à la formalité de la publication; l'avertissement relatera la date de la publication, point de départ des réclamations.

3° Pour tous les rôles dressés à l'aide des indications que contiennent les matrices cadastrales, ceux par exemple relatifs à des syndicats, les matrices particulières, servant à la confection des rôles, seront mises annuellement au courant des changements survenus, par les soins du directeur.

4° Le directeur recevra la mission qui lui est confiée, d'ailleurs, en ce qui a trait aux taxes assimilées qui ne sont pas établies par le service des contributions directes; il aura à examiner attentivement les bases de cotisation et signalera au préfet, quand il y aura lieu, les défectuosités et les erreurs, et contribuera souvent par là à réprimer bien des abus que fait naître forcément l'absence de tout contrôle.

Enfin, il sera appelé à donner son avis sur les réclamations produites et les transmettra au conseil de préfecture, après les avoir soumises, le cas échéant, à la formalité du dépôt.

Il se trouvera donc ainsi constitué le gardien des droits et des intérêts, non seulement des communes, des établissements publics, des communautés d'habitants dûment autorisées, mais encore de ceux, non moins respectables, des redevables, de telle sorte que ces derniers obtiennent toutes les garanties dont ils jouissent en ce qui a trait aux impôts directs.

Mais il n'aura nullement à s'immiscer, il est important de le dire, dans la gestion des affaires des syndicats, des communes, etc.

L'indemnité de 5 centimes par article de rôle et de 5 centimes par avertissement, pour frais d'impression et de confection n'est pas trop élevée et sera presque toujours bien inférieure à celle qui est allouée aujourd'hui pour ce travail.

Le mode proposé présente donc des avantages incontestables, au point de vue de la régularité et de l'exactitude des rôles, de la célérité et de l'économie de leur confection et des garanties que les redevables sont en droit d'exiger.

Il ne saurait d'ailleurs être considéré, comme constituant une innovation, ni même un empiétement sur les droits d'autrui, puisque les fonctions essentielles du directeur des contributions directes, d'après la loi du 3 frimaire an VIII et l'instruction du 22 frimaire an VIII, sont la confection des rôles nominatifs et l'instruction des réclamations.

Art. 93 du projet de loi. — Les émoluments que servent aux percepteurs les communes et les établissements hospitaliers pour la gestion de leurs services, sont établis, depuis le décret du 27 juin 1876, sous la forme de traitements fixes qui peuvent être revisés tous les cinq ans, dans les conditions prévues par ce décret.

Il nous a paru que ce mode de rémunération devait être conservé, mais en procédant tous les ans à une révision basée sur les résultats définitifs des cinq années antérieures; nous avons laissé de côté l'augmentation du dixième, rendue facultative,.d'ailleurs, par le décret.

Du moment que c'est l'État qui, dans notre projet, sert lui-même aux percepteurs leurs traitements fixes et les indemnités accessoires, il est tout naturel que les traitements fixes alloués à ces comptables par les communes et par les établissements hospitaliers soient versés dans la caisse du Trésor, pour venir en déduction des traitements des percepteurs.

Art. 94 du projet de loi (1). — Les dispositions que renferme cet article sont la conséquence de notre système. Dans le mode présent,

(1) L'art. 5 du projet de loi relatif aux contributions directes et aux taxes y assimilées de l'exercice 1888, est ainsi conçu :
« A partir de l'année 1888, les 8 centimes par franc créés par l'art. 5 de la loi de » finances du 20 juillet 1887, pour frais de perception de tous centimes additionnels

ces frais de perception sont alloués aux percepteurs comme un partie de leurs émoluments ; dans notre organisation ils doivent être versés à la caisse du Trésor, de même que les traitements fixes servis aux percepteurs par les communes et les établissements hospitaliers.

Art. 95 *du projet de loi.* — La proposition de faire contribuer les départements aux frais d'assiette et de recouvrement des contributions directes peut paraître au premier abord un peu étrangère à notre projet ; elle y est cependant intimement liée et nous la considérons comme fort importante, d'autant plus que son adoption apporterait à l'État, *sans frais aucuns,* une ressource nouvelle que nous affectons au remboursement (en 30 annuités) des comptes courants des trésoriers-payeurs généraux, de leurs cautionnements et de ceux des receveurs particuliers des finances et des excédents de cautionnements des percepteurs. (Voir titre VI.)

Pour justifier notre proposition, nous serons obligé d'entrer dans des développements assez étendus.

Nous avons vu que les percepteurs des contributions directes, d'après le système actuel et d'après celui que nous proposons d'y substituer, sont rémunérés en partie par l'État, et en partie, comme receveurs de ces établissements, par les communes, les hospices et les bureaux de bienfaisance.

Le système actuel fait ressortir pour les traitements fixes et les émoluments divers des percepteurs une somme totale de 28.611.521 fr., dans laquelle la part des communes et des établissements hospitaliers (y compris les frais de perception ajoutés au montant des impositions communales pour une somme totale de 4.952.925 fr.) s'élève à 15.515.979ᶠ
et la part contributive de l'État est de 13.095.542

Soit 542 p. ⁰⁰/₀₀ pour la part des communes et des établissements hospitaliers, et 458 p. ⁰⁰/₀₀ pour la part de l'État.

» à recouvrer pour le compte des communes et affectés à la rémunération des
» percepteurs des contributions directes, cesseront d'être classés au budget des
» dépenses sur ressources spéciales et seront rattachés au budget ordinaire avec les
» fonds affectés aux dépenses générales de l'État.
» Est abrogé à partir de la même époque l'art. 5 de la loi précitée du
» 20 juillet 1857. »
Cet article, sous une autre forme, répond à l'ordre d'idées de l'art. 94 de notre projet.

Or, si en compensation des nombreux services que les percepteurs rendent aux communes et aux établissements hospitaliers, l'État retire une rémunération élevée, on ne comprend pas qu'il ne retire pas aussi une rémunération de la part des départements, ne serait-ce tout au moins qu'en ce qui concerne le recouvrement des impositions départementales comprises dans les rôles des 4 contributions directes. Et il n'est pas inutile de faire remarquer que, dans les budgets départementaux, le montant des produits éventuels de toute nature, en 1885 (Situation financière des communes, etc., publiée par le Ministre de l'Intérieur, année 1885, p. xx), atteint le chiffre de 102.991.329 fr. 64 c., soit 60 p. % du produit des centimes départementaux fixé à 170.725.130 fr. d'après l'état A annexé à la loi de finances du 30 juillet 1885.

Le département, comme l'État et comme les communes, a son budget particulier ; il a une individualité et une personnalité; il jouit d'une véritable autonomie, bien plus que les communes. Pourquoi n'interviendrait-il pas pour sa quote-part contributive dans les frais qu'entraînent l'assiette et le recouvrement des impôts directs?

Ce sont les agents de l'État qui sont chargés d'établir les rôles des contributions directes, dans lesquels sont confondues les sommes revenant à l'État, aux départements et aux communes. Ce sont les agents de l'État qui ont mission de recouvrer les rôles des contributions, les taxes assimilées et aussi les produits éventuels départementaux. C'est encore à eux qu'incombe le soin d'assurer le service des dépenses de l'État, des départements et des communes.

Ainsi donc, l'État, en même temps qu'il emploie ses agents à assurer ses propres services, leur fait assurer dans les mêmes conditions, au point de vue de l'assiette et du recouvrement des produits et de l'exécution des dépenses, les services des départements et ceux des communes. Et comme nous l'avons rappelé plus haut, il fait supporter aux communes une part importante des émoluments des percepteurs.

Si l'on veut être logique, il faut traiter sur le même pied les départements et les communes.

Ou bien l'État doit continuer de faire gratuitement tous les services des départements, et dans ce cas, ces services doivent être faits gratuitement aussi pour les communes.

Ou bien si la non-gratuité est maintenue pour les communes, il est de toute justice que les départements, de leur côté, soient appelés à contribuer au payement des émoluments alloués aux agents que l'État emploie à assurer les services départementaux.

Nous pensons que tout le monde reconnaîtra avec nous que c'est la seconde solution qui s'impose.

Nous invoquerons, du reste, un précédent où les départements et les communes ont été traités d'une façon identique. Lorsqu'il s'est agi d'augmenter le fonds de non-valeurs qui devenait insuffisant, la loi du 8 juillet 1852, art. 14, a décidé que les centimes pour fonds de non-valeurs qui ne portaient auparavant que sur le principal des rôles, seraient ajoutés, aussi bien, et dans la même proportion, au produit des impositions départementales qu'au produit des impositions communales comprises dans ces rôles.

Nous ferons observer encore que M. Pierre Blanc, dans le projet qu'il a déposé sur le bureau de la Chambre à la date du 5 décembre 1885, au sujet de l'organisation du personnel des préfectures et des sous-préfectures, demande que les départements contribuent au traitement de ces employés pour une part importante qu'il fixe au tiers de la dépense totale.

Nous ne croyons pas inutile d'emprunter à l'exposé des motifs la citation suivante :

« Quant aux départements, les charges qui leur seraient imposées » (charges déjà acceptées volontairement par un grand nombre de » conseils généraux) se justifient pleinement. En effet, lorsque les » préfectures ont été constituées, la personnalité civile du dépar- » tement n'existait pour ainsi dire pas et on comprend que les » charges des services aient été mises entièrement au compte de » l'État.

» L'application du décret du 9 avril 1811 a commencé à créer » la vie départementale qui, depuis, a pris une extension consi- » dérable : les voies de communication départementales, la compta- » bilité, les bâtiments, les services d'assistance, la préparation des » travaux du conseil général et de la commission départementale » absorbent aujourd'hui une partie importante du temps des em- » ployés, et c'est sans exagération que l'on peut fixer au tiers la » part contributive des départements. »

Ces considérations pourraient s'appliquer, presque dans leur entier, à la proposition que nous émettons.

Le moyen le plus simple et le plus pratique de faire contribuer les départements au payement des émoluments de toute nature des divers agents que l'État emploie à assurer les services départementaux, est celui d'ajouter au montant des impositions départementales, pour être recouvrés avec elles, un certain nombre de centimes à titre de frais de perception.

Voici comment nous procéderons pour déterminer la quotité de ces centimes.

Nous rechercherons les différents produits à recouvrer pour le compte de l'État, des départements et des communes, et nous en ferons la somme; nous distinguerons ensuite dans ladite somme les parts respectives de l'État, des départements et des communes, et nous comparerons chacune de ces parts au montant des émoluments attribués aux agents qui servent à assurer les services départementaux.

La comparaison de la part obtenue dans ces émoluments pour les départements avec le montant des impositions départementales fera ressortir la quotité des centimes à faire supporter au montant de ces impositions pour obtenir la quote-part contributive des départements.

Produits à recouvrer pour le compte de l'État, des départements et des communes.

D'après la loi du 14 août 1884 relative aux contributions directes et aux taxes y assimilées de l'exercice 1885, le produit total des rôles des 4 contributions (état A) est de 745.014.470ᶠ

Le produit des taxes assimilées (état D) est de 26.956.890

Le produit du budget des dépenses sur ressources spéciales (état D) est de........................ 1.149.560

A reporter........... 773.120.920ᶠ

Report....	773.420.920ᶠ

Il faut ajouter savoir :

Les produits universitaires (d'après le projet de budget de 1887)................................. 5.302.067

Les produits des amendes et condamnations judiciaires (d'après le projet de budget de 1887)........ 8.743.333

Les produits éventuels, ordinaires et extraordinaires des départements, d'après l'état n° 3, page xx, de la situation financière des communes, etc., publiée par le Ministre de l'intérieur, année 1885................. 102.991.330

Les revenus annuels des communes, d'après l'état n° 2, page xii du même volume 473.673.646

L'évaluation en argent du produit des prestations en nature, pour 1/3 seulement....................... 20.114.894

Le tableau du montant des rôles primitifs des prestations de 1885 est inséré au *Bulletin des contributions directes*, année 1886, page 201. A défaut d'indications plus précises, nous sommes forcé d'admettre, aux termes de l'art. 8 de la loi du 21 mai 1836, que le produit des journées de prestations est à attribuer pour 2/3 aux départements et pour 1/3 aux communes. Les 2/3 revenant aux départements sont compris dans les produits éventuels départementaux relatés ci-dessus. Mais le tableau n° 2 ne comprenant pas, dans les revenus annuels des communes, les prestations en nature, nous avions à en tenir compte ici.

TOTAL GÉNÉRAL des produits à recouvrer pour 1885...... 1.383.946.190ᶠ

Ce total de 1.383.946.190 fr. se décompose comme suit :

1° Produits à recouvrer pour le compte de l'État.

Part dans les rôles des contributions directes 416.230.367ᶠ
Taxes assimilées.............................. 26.956.890
Budget des dépenses sur ressources spéciales...... 1.149.560
Produits universitaires........................ 5.302.067
Produit des amendes et condamnations judiciaires .. 8.743.333

TOTAL des produits à recouvrer pour le compte de l'État... 458.382.217ᶠ

7

2° Produits à recouvrer pour le compte des départements.

Produit des centimes départementaux, ordinaires et extraordinaires, imposés dans les rôles des contributions directes, non compris le fonds de non-valeurs 165.626.300ᶠ

Produits éventuels départementaux ordinaires et extraordinaires 102.991.930

TOTAL des produits à recouvrer pour le compte des départements.... 268.617.630ᶠ

3° Produits à recouvrer pour le compte des communes.

Produit des centimes communaux, ordinaires et extraordinaires, imposés dans les rôles des contributions directes, non compris le fonds de non-valeurs 151.773.800ᶠ

Produit des 3 centimes pour frais de perception sur le montant des impositions communales ci-dessus 4.664.003

Produit des 8 centimes sur le principal des patentes. 6.720.000

Revenus annuels des communes.................. 475.673.646

1/3 du montant des rôles des prestations en nature . 20.114.894

TOTAL des produits à recouvrer pour le compte des communes...... 656.946.343ᶠ

Le tableau ci-dessous résume ces données et fait connaître, pour l'État, pour les départements et pour les communes, la proportion dans laquelle se trouvent les produits à recouvrer.

PARTIES PRENANTES.	MONTANT DES PRODUITS à recouvrer.	PROPORTION p. °°/₀₀
État...............	458.382.217ᶠ	331ᶠ
Départements............	268.617.630	194
Communes............	656.946.343	475
	1.383.946.190ᶠ	1.000ᶠ

Le mode le plus rationnel et le plus équitable nous paraît être de faire contribuer les départements dans la proportion ci-dessus de 194 p. °°/₀₀ aux traitements et émoluments de toute nature attribués

aux agents de l'État qui concourent à assurer les services départementaux, au même titre qu'ils assurent les services de l'État et ceux
des communes.

Or, d'après notre projet de nouvelle organisation, ces traitements
et émoluments sont établis comme suit :

1° Payeurs centraux, payeurs adjoints, chefs de
comptabilité, caissiers et employés de ces payeurs.   3,017.000ᶠ
    2° Administration des contributions directes 32.440.536
    3° Indemnités diverses pour mutations cadas-
trales, pour frais d'impression et de confection des
rôles généraux, pour frais d'assiette, d'impression et
de confection des rôles des taxes assimilées, etc.;
on peut évaluer ces indemnités en bloc à........   2.400.000

                         Total général.....   37.857.536ᶠ

L'application à ce total de la proportion de 194 p. °°/₀₀ déterminée
d'autre part, donnera pour la quote-part contributive des départements une somme de 7.344.362fr., laquelle représente 4 centimes 15
ajoutés au montant des impositions départementales, grossies du
fonds de non-valeurs, de 176.481.306 fr., et 4 centimes seulement
donnent pour cette quote-part contributive 7.059.252 fr.

Nous répondrons à deux objections qui ne manqueront pas d'être
faites, l'une au point de vue des avantages que peut retirer l'État
de la libre disposition des fonds départementaux, l'autre au point
de vue de l'aggravation des charges à faire supporter aux contribuables.

La première objection est celle qui a trait aux avantages que
l'État peut retirer de la libre disposition des fonds départementaux.

Nous citerons le passage suivant extrait du rapport de M. Wad-
dington, à la Chambre des députés, à l'occasion de la loi du
10 août 1871. (Voir le *Journal officiel* des 1ᵉʳ et 3 juillet 1872.)

« L'État, dit le rapporteur de la loi, fait gratuitement le service
» de l'impôt et le payement des dépenses pour le département.
» De plus, il ne réclame aucun intérêt pour les avances de fonds
» qu'il est obligé de faire, au commencement de chaque année, à la

» plupart des départements, et surtout aux départements pauvres.
» Le département, il est vrai, perd les intérêts des fonds départe-
» mentaux déposés au Trésor public; mais ces intérêts sont bien
» loin de représenter les frais qu'imposerait aux départements la
» création d'un service spécial pour leur comptabilité. »

Nous lisons plus loin, dans le même rapport :

« En principe, il n'y a pas d'obstacle à ce que les départements
» eussent leurs receveurs et leurs payeurs particuliers; il en
» résulterait même une simplification dans le système général
» de la comptabilité de l'État; car il ne serait plus nécessaire de
» rattacher au budget général, le budget sur ressources spéciales.
» Mais il est certain que les départements y perdraient; car ce
» qu'ils gagneraient en recouvrant la jouissance des intérêts de
» leurs fonds placés au Trésor, serait compensé et bien au-delà
» par les frais de perception qui retomberaient à leur charge. »

On le voit, le rapporteur de la loi de 1871 n'a pas manqué de
signaler l'importance du service que l'État rend aux départements,
en faisant gérer par ses agents et sans frais les services départementaux, au point de vue des recettes et des dépenses. Et il ne met
pas en doute que les départements n'aient tout avantage au
maintien de ce système, parce qu'il est pour eux bien plus facile
et bien plus économique que ne le serait la création de receveurs
et de payeurs spéciaux, avec la libre disposition des fonds départementaux placés au Trésor et portant intérêt aux départements.

Il n'est pas douteux en effet que l'entretien par les départements
de receveurs et de payeurs spéciaux, n'entraînât pour eux une
dépense bien plus élevée que celle que nous proposons de leur faire
supporter.

Nous avons vu que le produit des sommes à recouvrer pour le
compte des départements est de 268.617.630 fr. Si nous appliquons
à ce chiffre un taux de remise de 4 p. %/₀ seulement, 2 p. %/₀ pour
les recettes et 2 p. %/₀ pour les dépenses, nous arrivons à un total
de 10.744.705 fr., bien plus élevé que celui de 7.059.252 fr. que
nous proposons de mettre à la charge des départements. Et encore
nous ne faisons pas entrer en ligne de compte les frais d'assiette,
de mutations, d'impression et de confection des rôles, lesquels
atteindraient un chiffre supérieur à 2 millions.

Envisageons maintenant les avantages que l'État peut retirer de la libre disposition des fonds départementaux.

Admettons un instant que l'État soit le banquier du département, ayant avec lui un compte courant d'intérêts réciproques, portant à son débit les sommes reçues pour le compte du département et à son crédit les sommes payées, et procédons comme cela se fait pour les caisses d'épargne, en employant le taux d'intérêt de 2 1/5 p. % qui est celui que le Trésor paye aux communes et aux établissements publics pour leurs fonds qu'il reçoit en compte courant, nous n'arriverons par le règlement du compte annuel des intérêts qu'à une somme le plus souvent fort peu importante au profit du département.

Cette assertion est basée sur des calculs personnels que nous avons faits, et qu'il serait trop long de reproduire ; elle est facile à contrôler du reste au bureau de la comptabilité générale du Ministère des finances où l'on verra que pour plus de 80 départements, notre assertion est parfaitement exacte.

Actuellement, du reste, il est utile de le remarquer, l'État ne retire, en fait, aucun bénéfice des fonds départementaux versés à sa caisse, et s'il y a bénéfice, c'est le trésorier-payeur général seul qui en profite dans son compte courant avec le Trésor.

Nous croyons avoir démontré qu'il est parfaitement juste et rationnel de faire contribuer les départements au payement des traitements et émoluments de toute nature que l'État emploie à assurer les services départementaux, et que la quote-part contributive que nous proposons d'attribuer aux départements est bien inférieure à la dépense qu'entraînerait pour lui la création d'un personnel de receveurs et de payeurs spéciaux, même avec la compensation des intérêts que les départements pourraient retirer du placement de leurs fonds au Trésor.

Nous répondrons maintenant à l'objection relative à l'aggravation des charges des contribuables, en faisant ressortir qu'elle sera à peu près insensible.

En effet, à l'état A annexé à la loi de finances du 19 juillet 1886, nous trouvons que le produit total des rôles des quatre contributions directes de l'année 1886 s'élève à 768.423.876 fr., que le produit des centimes départementaux est de 173.485.500 fr. et que grossi du fonds de non-valeurs il atteint le chiffre de 176.481.306 fr.

Or, 4 centimes par franc sur le montant des impositions départementales de 176.481.306 fr. donneront, savoir :

Pour une cote de 1 franc d'impôts, 0 c. 918 en plus,

soit 1 fr. 00 c. 918.

— de 10 francs — 9 c. 180 en plus,

soit 10 fr. 09 c. 180.

— de 100 francs — 91 c. 800 en plus,

soit 100 fr. 91 c. 800.

— de 1.000 francs — 9 fr. 18 c. en plus,

soit 1.009 fr. 18 c.

C'est-à-dire que l'aggravation des charges des contribuables est à peu près nulle.

Nous pouvons donc dire que la mesure que nous proposons est entièrement fondée au point de vue de la justice distributive; qu'elle ne constituera pour les contribuables qu'un accroissement de charges à peu près insignifiant; qu'elle est facile d'exécution et n'entraînera aucun frais; qu'enfin elle permettra de réaliser une ressource importante qui sera fort utilement affectée au remboursement des comptes courants des trésoriers-payeurs généraux et des divers cautionnements, et qui, après le remboursement, viendra en excédent des produits budgétaires.

Art. 96 du projet de loi. — Cet article n'a pas besoin d'explications; mais il est nécessaire pour permettre de régler les différents points que la loi aurait omis ou n'aurait indiqués que d'une manière incomplète.

Art. 97 du projet de loi. — Nous pensons que l'adoption de cet article aurait pour conséquence d'apporter dans la comptabilité communale de très grandes simplifications, en permettant de suivre de plus près les opérations si compliquées et si délicates parfois de cette comptabilité.

TITRE VI.

VOIES ET MOYENS — OBSERVATIONS GÉNÉRALES.

(Art. 98 à 105 du projet de loi.)

CONVENTION AVEC LA BANQUE DE FRANCE.

Le nouveau traité avec la Banque de France ne saurait être considéré comme le prix de la prorogation du privilège dont elle jouit. Le privilège d'émettre des billets au porteur a été conféré à la Banque de France, non dans l'intérêt des actionnaires ni même dans l'intérêt exclusif et financier de l'État, mais bien dans l'intérêt du commerce et de l'industrie, dans l'intérêt du public en général. On ne peut considérer ce privilège comme pouvant, pour ainsi dire, être mis aux enchères. Mais des rapports de plus en plus nécessaires existent entre la Banque de France et l'État, et il est naturel de chercher à les régler à des conditions justes et équitables pour tous deux.

L'idée de faire entrer l'État en partage des bénéfices de la Banque de France n'est pas nouvelle; mais nous ne pensons pas qu'elle ait des chances bien sérieuses de triompher. Car il importe essentiellement, à notre avis, et nous avons émis déjà cette opinion au titre Ier, que le crédit de la Banque et celui de l'État, tout en se prêtant leur concours à certains moments, soient complètement distincts l'un de l'autre, de telle sorte que la crise qui viendrait un instant atteindre l'un, n'atteigne pas forcément l'autre en même temps. Ainsi, en 1848, la Banque de France avait été autorisée à ne pas rembourser ses billets en numéraire et cette mesure n'a même pas produit de dépréciation sur les billets, parce que l'on avait, dans le public, une haute opinion de la manière dont la Banque de France était administrée et parce que, surtout, son crédit était complètement séparé de celui de l'État.

Mais, si nous ne sommes pas d'avis que l'État intervienne pour une part dans le partage des bénéfices de la Banque de France, comme cela a lieu pour la Banque d'Empire d'Allemagne, la Banque Austro-Hongroise, la Banque nationale de Belgique, il nous paraît entièrement juste que la Banque de France rende à l'État certains services gratuits, comme le font, dans les pays étrangers, les banques similaires.

La Banque d'Empire d'Allemagne fait gratuitement les services du Trésor; il en est de même de la Banque d'Angleterre qui a cessé de toucher la rémunération annuelle de 250.000 francs qui lui était accordée autrefois. La Banque nationale de Belgique qui est le véritable type de la banque, caissier de l'État, ne reçoit, par an, qu'une indemnité de 175.000 francs, chiffre fort restreint, par rapport aux services qu'il est appelé à rémunérer. Les Banques nationales des États-Unis font gratuitement aussi le service du Trésor; la Banque de Russie procède à peu près de même et si la Banque nationale d'Italie ne se trouve pas dans le même cas, elle paye à l'État, sous forme de redevances et d'impôts, une somme annuelle d'environ 5 millions de francs, alors que sa circulation fiduciaire n'atteint guère que la dixième partie de celle de la Banque de France, laquelle ne paye à l'État que 3 millions d'impôts environ par an.

Il y a là un enseignement que l'on aurait tort de négliger. C'est en nous en inspirant et en nous inspirant aussi des embarras du Trésor, au point de vue de l'équilibre des budgets, que nous avons cherché, au moment du renouvellement du privilège, quelles sont les nouvelles obligations que l'on peut équitablement imposer à la Banque de France, en essayant surtout d'éviter l'écueil de les établir sans compensation pour elle.

Ceci dit, nous aborderons l'examen du projet de convention à intervenir entre le Ministre des finances et la Banque de France; nous aurons par là examiné les articles du projet de loi, titre Ier et titre VI, qui ne sont que le résumé ou la reproduction des articles du projet de convention.

Art. 1, 2 *et* 3 *du projet de convention.* — La Banque de France, par le traité du 10 juin 1857, a consenti à l'État une avance permanente, et d'une durée non déterminée, de 60 millions. Par le traité du 29 mars 1878, qui expire le 31 décembre 1887, elle lui a fait une nouvelle avance permanente de 80 millions. L'État va donc se trouver obligé ou de rembourser ces 80 millions ou de conclure une nouvelle convention qui lui maintienne la continuation de cette avance. Or, dans ce moment où l'équilibre des budgets est chose peu aisée à parfaire, les discussions récentes à la Chambre ne le prouvent que trop, l'État ne peut pas songer à rembourser ces 80 millions et il faut qu'il renouvelle le traité (1).

D'autre part, l'avance totale de 140 millions, en admettant que la convention du 29 mars 1878 soit prorogée, est employée tout entière par l'État dans ses services de trésorerie, ainsi que le font voir les bilans de la Banque. Il ne peut donc retirer du renouvellement du traité de 1878 que l'avantage de n'avoir pas à rembourser immédiatement l'avance de 80 millions. Et, cependant, au moment où les recettes tendent toujours à décroître, tandis que les dépenses vont en augmentant, il faut à l'État des ressources importantes de trésorerie dont il puisse disposer à tout instant.

C'est ce qui amène à penser qu'il est indispensable que l'État obtienne de la Banque une nouvelle avance permanente, indépendante de celle de 140 millions dont nous avons parlé. Afin d'assurer entièrement les services de trésorerie, nous croyons que cette nouvelle avance ne doit pas être inférieure à 160 millions, ce qui portera l'avance permanente de la Banque au chiffre total de 300 millions, comme nous l'indiquons à l'art. 2 de notre projet de convention.

Nous fixons le taux de l'intérêt à servir à 1 p. % (comme pour l'avance de 80 millions du traité de 1878) et nous ne le faisons porter que sur les différences que présenteront les soldes créditeurs et les soldes débiteurs du Trésor.

Cette combinaison permet de régulariser par une nouvelle convention les traités de 1857 et de 1878; elle présente l'avantage de procurer à l'État d'importantes ressources pour ses services de trésorerie, sans avoir recours à un emprunt public qui offrirait de

(1) Voir plus loin la note relative à l'art. 1er de la convention.

graves inconvénients et aurait pour effet de grever encore la dette flottante et sans porter atteinte à l'équilibre du budget auquel, au contraire, nous venons en aide.

Elle n'est pas aussi désavantageuse pour la Banque qu'elle pourrait le paraître au premier abord. Et, en effet, la Banque pourra appliquer à cette avance nouvelle de 160 millions, et nous croyons qu'elle aura raison de le faire, une faible partie de son encaisse métallique, laquelle, par rapport aux banques des autres nations, est hors de proportion avec sa circulation fiduciaire; elle pourra aussi y trouver l'emploi immédiat d'une partie de l'excédent des billets que nous l'autorisons à émettre par l'art. 9 de la convention. Tous les intérêts qu'elle touchera de l'État seront pour elle un bénéfice dans cette opération qui lui permettra de ne pas laisser improductifs et immobilisés la partie de ses capitaux qui seront employés à cette avance nouvelle.

Art. 4 du projet de convention. — L'économie que nous avons obtenue, par rapport à 1886, par notre nouvelle organisation de services de la trésorerie et de l'administration des contributions directes atteint le chiffre de 12.670.239 fr.; c'est une belle économie, non à dédaigner, sans doute; mais sa réalisation nous paraît bien difficile, pour ne pas dire impossible, si nous laissons l'État livré à ses propres forces.

Il est évident que l'État ne peut pas, avec les embarras des budgets, songer à rembourser, à l'aide de ses seules ressources, les comptes courants, les cautionnements et les excédents des cautionnements des trésoriers-payeurs généraux, des receveurs particuliers des finances et des percepteurs. Il ne peut pas non plus se soustraire à l'obligation d'opérer au plus tôt ces remboursements. Il faut donc qu'il ait recours à un emprunt public et outre que cet emprunt viendrait à une mauvaise heure et serait mal accueilli par l'opinion publique, il arriverait que les intérêts à servir de la nouvelle dette absorberaient une notable partie de l'économie qui ressort de notre organisation.

Notre proposition d'obtenir de la Banque une avance provisoire de 161 millions payable par elle en deux annuités égales, permet d'effectuer, en temps utile, le remboursement des comptes courants

et des cautionnements, sans qu'il y ait perte ni sacrifice pour le
Trésor, et cette avance provisoire, l'État la rembourse à la Banque
en 30 annuités, à l'aide d'une ressource nouvelle, comme il sera
expliqué à propos de l'art. 104 de notre projet de loi.

Nous fixons l'intérêt annuel de cette avance provisoire au taux
de 2 p. % seulement. Et comme nous l'avons fait voir dans
l'examen des art. 1, 2 et 3 du projet de convention avec la Banque,
ce sera encore pour celle-ci l'occasion d'un bénéfice qui lui aurait
échappé, si elle n'avait pas consenti cette avance provisoire,
puisqu'elle pourra y pourvoir à l'aide d'une partie de son encaisse
métallique et d'une partie des nouveaux billets émis, et rendre
ainsi productifs des capitaux qu'autrement elle aurait laissés sans
emploi.

Art. 5 et 6, 8, 9, 10 et 11 du projet de convention. — Les
diverses opérations qui sont énumérées aux art. 5 et 6 du projet de
convention, et dont sera chargée gratuitement la Banque de France,
en feront le seul banquier de l'État ; elles ne lui rapporteront rien
en fait, et pourront même parfois lui être onéreuses sans compensation apparente.

Mais cette compensation, nous la trouvons d'abord dans l'accroissement singulier de puissance que lui procurera le passage dans ses
caisses de tous les produits des impôts.

Nous la trouvons encore dans le développement que prendront
forcément ses opérations. Car il est évident que les clients qui
viendront à sa caisse pour toucher des coupons, pour acheter ou
vendre des titres de rentes, etc., ne manqueront pas de faire faire
par la Banque la plus grande partie de leurs opérations de bourse ;
d'où une source de bénéfices pour elle.

Et nous ferons remarquer que nous avons cru nécessaire
d'insérer, dans le projet de convention, que le Gouvernement serait
disposé à donner son approbation aux modifications que la Banque
croirait devoir introduire dans ses opérations, pour les étendre et
les faire sortir du cadre limité où elles sont rigoureusement
renfermées par ses statuts et par ses lois constitutives.

En cela nous pensons rendre à la Banque un réel service, en lui
donnant la facilité de mettre ses opérations plus en rapport avec la

puissance de cette institution ; car les publicistes signalent dans ces dernières années l'amoindrissement du rôle de la Banque comme établissement de crédit et l'état d'anémie qui caractérise sa situation.

Nous avons dit plus haut que la Banque ne paye actuellement à l'État que 3 millions environ d'impôts par an. Ce n'est pas assez par rapport à son importance ; c'est peu quand l'on voit que la Banque nationale d'Italie en paye 5 millions et que les autres banques dont nous avons parlé, la Banque nationale de Belgique notamment, admettent l'État au partage de leurs bénéfices et font, en outre, gratuitement ou à peu près, ses services de trésorerie. Les charges nouvelles que nous imposons à la Banque ne seront donc qu'une compensation légitime au traitement trop favorable qui lui a été fait au point de vue de sa part proportionnelle d'impôts.

Mais si nous confions à la Banque divers services à exécuter gratuitement, qui semblent de nature, nous ne le croyons pas cependant, à lui occasionner des dépenses bien plus qu'à lui apporter des bénéfices, nous lui donnons des compensations réelles, sérieuses et indiscutables, savoir :

1° Prorogation de son privilège pendant 30 ans ;

2° Droit d'émettre pour 500 millions de nouveaux billets ;

3° Enfin, apport des clientèles importantes du Crédit foncier de France et de la Ville de Paris.

Et après tout, si nous poussons les choses à l'extrême, admettons un instant que le Gouvernement ne pouvant s'entendre avec la Banque de France, ne proroge pas son privilège qui doit expirer le 31 décembre 1897 ; qu'allant plus loin et n'usant après tout que de son droit strict, le Gouvernement confère à une autre société financière, moyennant certains avantages à lui consentis, le privilège exclusif d'émettre des billets de Banque à partir du 1er janvier 1898. Cette mesure, hâtons-nous de le dire, serait très fâcheuse et elle pourrait être fort préjudiciable à l'État. Mais elle aurait certainement, pour la Banque, des conséquences plus graves encore et il n'est pas douteux que, au moment de l'expiration de son privilège, son encaisse métallique se trouverait bien entamée, sinon à peu près épuisée.

Ces considérations seront de nature, nous n'en doutons pas, à faire réfléchir sérieusement la Banque et à lui faire comprendre qu'elle compromettrait ses véritables intérêts, en n'acceptant pas

— 109 —

les nouvelles charges qui lui seront imposées et en échange
desquelles elle recevra d'ailleurs de grands avantages.

Art. 6 du projet de convention. — Il est à désirer et à espérer
que le grand-livre de la dette publique ne soit pas rouvert de si tôt.
Mais il faut tout prévoir, et si le Gouvernement venait à être
obligé d'émettre un emprunt, il pourrait se trouver dans l'embarras,
par suite de la suppression des trésoriers-payeurs généraux et des
receveurs des finances; l'art. 6 du projet de convention a pour
objet d'y pourvoir.

Art. 7 du projet de convention. — L'exécution de cet article
de la convention aura pour effet d'occasionner d'abord à la Banque
certaines dépenses, mais la Banque sera obligée par là même de
démocratiser un peu plus ses opérations; elle rendra au pays de
plus grands services et elle se préparera une nouvelle source
de bénéfices.

Nous ne demandons pas qu'elle établisse partout des succursales
qui coûtent 30 à 35.000 fr. par an, qui exigent un hôtel et tout
un personnel. Qu'elle crée seulement de simples bureaux auxiliaires,
où il y aura un sous-directeur, un teneur de livres et un employé;
ce qui entraînera à peu de frais.

L'encaisse métallique de la Banque étant très considérable (plus
de 2 milliards 400 millions à l'heure présente), il lui sera facile
d'en distribuer une partie suffisante pour les besoins locaux dans
les succursales et bureaux auxiliaires créés par elle, sans pour cela
amoindrir en rien la solidité de son crédit dans les succursales
qui existent déjà.

Art. 12 du projet de convention. — Il est tout naturel que
l'État, soucieux des intérêts du Trésor, se réserve le droit, si cette
expérience d'une période de dix années ne lui paraît pas bonne,
de changer son mode de faire au mieux des intérêts de tous, soit
qu'il gère pour son compte ou qu'il fasse gérer autrement les

services confiés à la Banque de France. Il est de toute justice alors qu'il reprenne la clientèle du Crédit foncier de France et celle de la Ville de Paris qu'il avait lui-même apportées à la Banque.

CONVENTION ENTRE L'ÉTAT ET LA BANQUE DE FRANCE.

Entre les soussignés :

1° M.   , ministre des finances, agissant au nom de l'État;

2° et M.   , gouverneur de la Banque de France, agissant en cette qualité, en vertu des pouvoirs à lui conférés par la délibération du conseil général, en date du

Il a été exposé ce qui suit :

1° La Banque de France s'est engagée, aux termes des traités du 10 juin 1857 et du 29 mars 1878, à avancer au Trésor une somme totale de 140 millions, qui ne porte intérêt à la Banque que lorsque le solde créditeur du Trésor descend au-dessous de ce chiffre.

Cette avance est devenue insuffisante et d'ailleurs elle est tout entière versée au Trésor, et il y aurait tout avantage pour l'État à l'augmenter d'une manière permanente, en la portant à un chiffre plus en rapport avec les besoins du Trésor et avec l'importance des disponibilités que comporte la situation actuelle du budget et du service de la trésorerie.

Il y aurait aussi avantage pour l'État à obtenir de la Banque une avance provisoire destinée à rembourser les comptes courants des trésoriers-payeurs généraux, leurs cautionnements et ceux des receveurs particuliers des finances et les excédents de cautionnements des percepteurs.

2° D'un autre côté, il est à remarquer que la Banque de France, à la suite de la réduction considérable (2 millions environ), des droits de timbre sur les billets de banque, qui lui a été accordée par l'art. 2 de la loi du 13 juin 1878, ne paye annuellement à l'État, sous des formes diverses, qu'environ 3 millions d'impôts, chiffre qui n'est nullement en rapport avec l'importance de cette puissante Société.

Il paraît de toute justice qu'au moment où il est question de renouveler son privilège pour 30 années nouvelles et de le proroger jusqu'au 31 décembre 1927, la Banque de France soit appelée à rendre à l'État tous les services qu'il est en droit d'attendre d'elle.

Les avantages que l'État est en droit de réclamer de la Banque de France, sont les suivants :

1° La Banque fournira au Trésor une avance permanente beaucoup plus élevée que celles consenties par les traités de 1857 et 1878 ; cette avance permanente sera fixée à la somme de 300 millions, qui ne portera intérêt, au taux de 1 p. %, que lorsque le solde créditeur du Trésor descendra à un chiffre inférieur.

2° La Banque fera à l'État une avance provisoire, distincte de la précédente, de la somme de 161 millions, destinée à rembourser les comptes courants des trésoriers-payeurs généraux, les cautionnements et excédents des cautionnements de ceux-ci, des receveurs particuliers des finances et des percepteurs. Cette avance sera remboursée à la Banque en 30 annuités comprenant à la fois le capital et les intérêts calculés au taux de 2 p. %.

3° La Banque fera gratuitement les services de l'État ; elle recevra les fonds publics ; elle fournira aux comptables des fonds de subvention ; elle payera les arrérages de la dette publique, pour le compte du Trésor, en empruntant le concours des percepteurs ; elle fera les achats et les ventes de rentes sur l'État, les achats et les remboursements de bons du Trésor, en un mot toutes les opérations énumérées à l'art. 5 et à l'art. 6 de la présente convention.

4° Il est devenu nécessaire que la Banque étende le cercle de son action et qu'elle crée des succursales ou de simples bureaux auxiliaires dans tous les chefs-lieux de département, dans toutes les villes d'une population de 15,000 âmes et au-dessus et dans toutes celles, chefs-lieux d'arrondissement, d'une population de 5,000 âmes et au-dessus ; ces créations devront être faites dans une période de cinq années.

5° En compensation des charges nouvelles imposées à la Banque, charges dont certaines seront assurément moins onéreuses pour elle qu'elles ne peuvent le paraître, l'État lui concède les avantages ci-après, savoir :

1° Le privilège qui devait expirer le 31 décembre 1897, est prorogé jusqu'au 31 décembre 1927 ;

2° Le chiffre des émissions des billets de Banque fixé actuellement à 3 milliards 500 millions, est élevé au maximum de 4 milliards;

3° L'État apporte à la Banque, par la convention du   , intervenue entre le Ministre des finances et le Gouverneur du Crédit foncier de France, et la convention du   , intervenue entre le Ministre des finances et le Préfet de la Seine (conventions ci-annexées), une nouvelle source de bénéfices certains et qui ne peuvent que s'accroître, dans la clientèle du Crédit foncier de France et dans celle de la Ville de Paris ;

4° Le Gouvernement est disposé à donner son approbation aux modifications que la Banque croirait devoir introduire dans ses opérations pour les étendre et les faire sortir du cadre limité où elles sont rigoureusement renfermées par ses statuts et par ses lois constitutives, en tant que ces modifications ne seraient pas de nature à porter atteinte aux garanties que l'État et les particuliers sont en droit d'attendre de ce grand établissement.

En conséquence, entre les parties contractantes ci-dessus énoncées, le Ministre des finances et le Gouverneur de la Banque de France, il a été convenu et stipulé ce qui suit :

Art. 1er. — Les traités du 10 juin 1857 et du 29 mars 1878 sont annulés (1).

Art. 2. — La Banque de France s'engage, pour une durée de 40 ans, du 31 décembre 1887 au 31 décembre 1927, à fournir au Trésor, au fur et à mesure de ses besoins, une avance permanente qui pourra s'élever à la somme totale de 300 millions. Des bons du Trésor, renouvelables de 6 mois en 6 mois, seront délivrés à la Banque en garantie de ses avances.

(1) L'art. 24 du projet de loi portant fixation du budget général des dépenses et des recettes de l'exercice 1888, est ainsi conçu :

« Le Ministre des finances est autorisé à proroger, jusqu'à une échéance qui » ne pourra dépasser le 31 décembre 1890, les effets de la convention intervenue » le 29 mars 1878 avec la Banque de France et ratifiée par la loi du 18 juin » suivant, relative à l'avance de 80 millions faite par la Banque au Trésor. »

Le compte avec la Banque, pages 73 et suivantes du projet de budget de 1888, fait voir que l'avance de 80 millions est employée tout entière, ainsi que nous l'avions fait remarquer dans nos observations.

Art. 3. — Les sommes qui seront portées au débit du Trésor, en vertu de l'art. 2 de la présente convention, se compenseront jusqu'à due concurrence avec celles qui forment le crédit de son compte courant, tant à Paris que dans les succursales et les bureaux auxiliaires, de telle sorte que les intérêts dus par le Trésor ne seront calculés chaque jour que sur le solde dont il sera réellement débiteur. Ces intérêts seront réglés à 1 p. %.

Art. 4. — La Banque s'engage à faire au Trésor, en deux annuités ʲ ʼes, qui seront versées par elle, l'une le 1ᵉʳ janvier de l'année pour laquelle la loi sera promulguée, l'autre le 1ᵉʳ janvier de l'année suivante, l'avance provisoire de la somme de 161 millions, destinée à rembourser les comptes courants des trésoriers-payeurs généraux, les cautionnements et les excédents de cautionnements de ces derniers, des receveurs particuliers des finances et des percepteurs.

Cette avance provisoire de 161 millions, sera remboursée par l'État à la Banque de France, à partir du 1ᵉʳ janvier 188 , en 30 annuités, comprenant à la fois le capital et les intérêts calculés à raison de 2 p. %.

Art. 5. — La Banque de France accepte de se charger, à partir du 1ᵉʳ janvier 188 , pour le compte du Trésor, gratuitement et dans les conditions qui seront déterminées par un règlement d'administration publique, qui sera rendu dans les deux mois de la promulgation de la loi, d'effectuer les opérations ci-après énumérées :

1° Elle recevra les versements des comptables des cinq régies financières, contributions directes, enregistrement, douanes, contributions indirectes, postes et télégraphes, soit directement pour les comptables résidant dans une ville siège d'une succursale ou d'un bureau auxiliaire, soit pour les autres comptables du département par l'intermédiaire de l'administration des postes et des télégraphes, comme service public gratuit.

2° Elle recevra les sommes versées au compte du Trésor par les communes et par les établissements publics.

3° Elle recevra, sur le *Vu bon à recevoir* du payeur central, les sommes versées au compte de la Caisse des dépôts et consignations.

4° Elle recevra les sommes versées au compte de la grande chancellerie de la Légion d'honneur et du trésorier général des Invalides de la marine.

8

5° Elle recevra les fonds destinés à être placés en bons du Trésor; elle délivrera ces valeurs, et plus tard, à l'échéance, elle les remboursera aux parties intéressées.

6° Elle opérera, sans frais autres que ceux de courtage, justifiés par bordereaux d'agents de change, les achats et ventes de rentes sur l'État, les transferts de rentes nominatives, etc., pour le compte des particuliers, des communes et des établissements publics.

7° Elle remettra des fonds de subvention au payeur central, et elle en remettra ou en transmettra au payeur adjoint, sur la réquisition écrite, dans ces divers cas, du payeur central.

Elle transmettra des fonds de subvention aux divers comptables du département, sur la réquisition écrite du chef de service de ces comptables.

Les transmissions de fonds auront lieu par l'intermédiaire de l'administration des postes et des télégraphes, comme service public gratuit.

8° Elle payera, pour le compte du Trésor, soit directement à la caisse de chaque succursale ou bureau auxiliaire, soit par l'entremise des percepteurs des contributions directes, les arrérages de la dette publique.

Art. 6. — La Banque de France accepte de se charger d'effectuer gratuitement toutes les opérations relatives aux emprunts que le Gouvernement viendrait à émettre.

Art. 7. — La Banque de France s'engage, dans le délai de cinq années, y compris celle pour laquelle la loi sera promulguée, à établir des succursales ou de simples bureaux auxiliaires dans toutes les villes d'une population de 15,000 âmes et au-dessus, dans tous les chefs-lieux de département et dans toutes les villes chefs-lieux d'arrondissement d'une population de 5,000 âmes et au-dessus.

Art. 8. — Le privilège conféré à la Banque de France par les lois des 24 germinal an XI (22 avril 1806), 30 juin 1840 et 9 juin 1857, dont la durée expirait le 31 décembre 1897, est prorogé de trente ans et ne prendra fin que le 31 décembre 1927.

Art. 9. — Le chiffre des émissions des billets de la Banque de France et de ses succursales et bureaux auxiliaires, fixé au maximum de 3 milliards 500 millions par l'art. 8 de la loi du 30 janvier 1884, est élevé au chiffre maximum de 4 milliards.

ART. 10. — La Banque de France accepte, aux termes de la convention ci-annexée intervenue à la date du

entre le Ministre des finances et le Gouverneur du Crédit foncier de France, de se charger de faire, pour le compte du Crédit foncier, toutes les opérations de caisse et autres, placement des obligations, réception de fonds, payement des intérêts des obligations et aussi des primes, etc., effectuées présentement avec l'autorisation du Gouvernement par les trésoriers-payeurs généraux, et dans toutes les conditions absolument faites à ces derniers par le Crédit foncier de France. (Art. 5 de la loi.)

ART. 11. — La Banque de France accepte, aux termes de la convention ci-annexée intervenue à la date du   entre le Ministre des finances et le préfet de la Seine, de se charger de faire, pour le compte de la ville de Paris, toutes les opérations de caisse et autres, placement des obligations et des actions, réception de fonds, payement des dividendes, des intérêts et des primes, etc., effectuées présentement, avec l'autorisation du Gouvernement, par les trésoriers-payeurs généraux, et dans toutes les conditions absolument faites à ces derniers par la ville de Paris. (Art. 5 de la loi.)

ART. 12. — Le Gouvernement se réserve le droit de dénoncer par une loi spéciale, à partir du 1er janvier 1898, la présente convention en ce qui a trait aux opérations à effectuer pour le compte du Crédit foncier de France et pour le compte de la ville de Paris (art. 10 et 11 de la convention), sans indemnité de part et d'autre, et de reprendre à son compte ou de faire gérer, comme il le jugera le plus utile à ses intérêts, *ses propres services* et ceux du Crédit foncier de France et de la ville de Paris. (Art. 103 de la loi.)

ART. 13. — La présente convention ne sera exécutoire qu'après approbation par les pouvoirs législatifs et promulgation de la loi nécessaire à cet effet.

Fait double à Paris, le   188 .

Le Ministre des finances,   *Le Gouverneur de la Banque de France,*

CONVENTION AVEC LE CRÉDIT FONCIER DE FRANCE.

Le Crédit foncier de France n'a pas, en province, de succursales ni même d'agences financières proprement dites. Les agents qu'il y entretient sont uniquement occupés de la recherche des prêts. Les intermédiaires du Crédit foncier, pour toutes les opérations de caisse et autres, qu'il y a à faire avec le public, sont, avec l'autorisation du Gouvernement, les trésoriers-payeurs généraux qui utilisent à cet effet le concours des receveurs particuliers des finances et des percepteurs.

Dans l'exposé des motifs de la proposition de la loi déposée par M. Dreyfus (voir titre Ier), les remises allouées par le Crédit foncier de France aux trésoriers-payeurs généraux, sont indiquées comme s'élevant à la somme annuelle de 1.572.200 francs. Quoique ce soit une somme considérable, il n'est pas douteux que l'installation, en province, de succursales ou d'agences, ne coûterait bien plus cher au Crédit foncier, et s'il voulait se passer du concours de l'État, il n'est pas probable, qu'une société financière quelconque consentît à faire toutes ses affaires au prix où les font aujourd'hui les trésoriers-payeurs généraux. Il est certain aussi qu'aucune société de crédit livrée à elle seule, pas même la Banque de France, ne pourrait mettre à la disposition du Crédit foncier, pour ses diverses opérations, des agents aussi dispersés sur la surface du territoire que le sont les percepteurs.

Nous ne croyons pas que le Crédit foncier se refuse à accepter la convention qui substituerait la Banque de France aux trésoriers-payeurs généraux, en conservant le si utile concours des percepteurs. Il nous paraît difficile d'admettre que, de son côté, la Banque de France ne comprenne pas les grands avantages que lui apportera une si importante clientèle.

Cet apport par l'État à la Banque de France de la clientèle du Crédit foncier de France nous paraît constituer de réels et sérieux avantages pour les deux sociétés et il est de nature à singulièrement compenser les charges nouvelles imposées à la Banque de France.

Si l'État, après dix années d'expérience, veut cesser de confier à la Banque de France les services de trésorerie énumérés aux art. 3 et 4 de la loi ; s'il trouve qu'il a intérêt à gérer lui-même ses propres services ou à les faire gérer d'une autre façon, il est de toute justice qu'il reprenne alors la clientèle du Crédit foncier ; c'est l'objet de l'art. 3 de la convention.

CONVENTION AVEC LA VILLE DE PARIS.

Les observations qui ont été présentées au sujet de la convention à intervenir entre l'État et le Crédit foncier de France, s'appliquent toutes à la convention à intervenir entre l'État et la Ville de Paris. Et l'on fera observer en outre que la Ville de Paris, pour toutes ses opérations de caisse et autres, semble liée plus intimement à l'État que ne l'est le Crédit foncier, puisque, dans son projet de budget de 1887, le Ministre des finances comprend, parmi les émoluments extra-budgétaires alloués aux trésoriers-payeurs généraux, les remises que la Ville de Paris sert à ces derniers, et qui sont évaluées à la somme annuelle de 160.000 francs.

CONVENTION ENTRE L'ÉTAT ET LE CRÉDIT FONCIER DE FRANCE.

Entre les soussignés :

1° M.   Ministre des finances, agissant au nom de l'État ;

2° M.   Gouverneur du Crédit foncier de France, agissant en cette qualité, en vertu des pouvoirs à lui conférés par la délibération du conseil général en date du

Il a été convenu et stipulé ce qui suit :

ART. 1er. — Toutes les opérations de placement d'obligations, de réception de fonds, de payement des intérêts des obligations et des primes, etc.; lesquelles sont effectuées, à l'heure présente, avec l'autorisation du Gouvernement, par les trésoriers-payeurs généraux, pour le compte du Crédit foncier de France, seront faites dans les mêmes conditions absolument, par la Banque de France, à partir du 1ᵉʳ janvier 188 .

ART. 2. — Si le Gouvernement venait à dénoncer, le 31 décembre 1897, la convention intervenue entre la Banque de France et lui, les dispositions de l'art. 1ᵉʳ ci-dessus se trouveraient rapportées de plein droit et le Gouvernement reprendrait, pour son compte, à partir du 1ᵉʳ janvier 1898, la clientèle du Crédit foncier de France, telle qu'il la possède aujourd'hui.

ART. 3. — La présente convention ne sera exécutoire :

1° Qu'après que, d'abord, elle aura été acceptée dans la convention à intervenir entre le Ministre des finances et le Gouverneur de la Banque de France;

2° Qu'après qu'ensuite elle aura été approuvée par les pouvoirs législatifs et que la loi nécessaire à son effet aura été promulguée.

Fait double à Paris, le   188 .

Le Ministre des finances,   *Le Gouverneur du Crédit foncier de France,*

CONVENTION ENTRE L'ÉTAT ET LA VILLE DE PARIS.

Entre les soussignés :

1° M.   , Ministre des finances, agissant au nom de l'État;

2° M.   , Préfet de la Seine, agissant au nom de la Ville de Paris, en vertu des pouvoirs à lui conférés par la délibération du conseil municipal de cette ville en date du

Il a été convenu et stipulé ce qui suit :

ART. 1ᵉʳ. — Toutes les opérations de placement d'actions et d'obligations, de réception de fonds, de payement des intérêts et des dividendes et aussi des primes, etc., lesquelles sont effectuées à l'heure présente avec l'autorisation du Gouvernement, par les Trésoriers-payeurs généraux, pour le compte de la Ville de Paris,

seront faites dans les mêmes conditions absolument, par la Banque
de France, à partir du 1er janvier 188 .

Art. 2. — Si le Gouvernement venait à dénoncer, le 31 décembre
1897, la convention intervenue entre la Banque de France et lui,
les dispositions de l'art. 1er ci-dessus se trouveraient rapportées
de plein droit et le Gouvernement reprendrait pour son compte,
à partir du 1er janvier 1898, la clientèle de la Ville de Paris, telle
qu'il la possède aujourd'hui.

Art. 3. — La présente convention ne sera exécutoire :

1° Qu'après que, d'abord, elle aura été acceptée dans la convention
à intervenir entre le Ministre des finances et la Banque de France;

2° Qu'après qu'ensuite elle aura été approuvée par les pouvoirs
législatifs et que la loi nécessaire à son effet aura été promulguée.

Fait double à Paris, le   188 .

Le Ministre des finances,   *Le Préfet de la Seine,*

Art. 104 *du projet de loi.* — Au premier abord, il semble tout
indiqué d'affecter au payement des annuités destinées à rembourser
l'avance provisoire de 161 millions faite par la Banque de France,
l'économie qui ressort de notre projet de réorganisation, en même
temps que la ressource particulière que nous proposons de créer.

Nous pensons cependant qu'en présence des embarras du Trésor,
il convient de ne pas le grever d'une charge nouvelle et ce serait
le faire que d'affecter au payement des annuités précitées une
économie qui, en fait, est une atténuation des dépenses et non une
augmentation des recettes. C'est ce qui nous a déterminé à ne faire
intervenir que la ressource nouvelle; ce qui nous permet d'une
part d'alléger les charges de l'État en dégrevant le budget des
dépenses d'une somme annuelle de 12.670.239 fr., et d'autre part
de pourvoir au remboursement des annuités de l'avance provisoire
de 161 millions, sans demander un centime à l'État. Le nombre
des annuités sera peut-être trouvé élevé; mais peu importe, puisque
c'est par une ressource nouvelle que nous arrivons à servir ces
annuités.

TITRE VII.

(Art. 106 à 112 du projet de loi.)

———

Dans notre nouvelle organisation, nous supprimons les emplois ci-après, savoir :

> 86 emplois de trésoriers-payeurs généraux.
> 273 — de receveurs particuliers des finances.
> 779 — de percepteurs.

Soit.... 1,138 emplois supprimés.

Les nouvelles créations d'emplois nous donnent, savoir :

> 86 emplois de payeurs centraux.
> 20 — de payeurs adjoints.
> 106 — de chefs de comptabilité des payeurs.
> 106 — de caissiers des payeurs.
> 50 — d'employés des payeurs.
> 122 — d'inspecteurs des contributions directes.
> 133 — de commis de direction.

Soit.... 623 emplois créés.

En l'absence de renseignements précis, il nous est bien difficile de prévoir, avec une certaine exactitude, le nombre des vacances que produiront les mises à la retraite d'office ou les demandes de mises à la retraite (art. 106, 107 et 112 de la loi). Nous essayerons, cependant, d'indiquer quelles nous paraissent être les probabilités.

Trésoriers-payeurs généraux. — Nous estimons que les mises à la retraite d'office ou sur la demande des intéressés auront pour effet de faire disparaître au moins 50 d'entre eux; il en restera donc seulement 36 à pourvoir d'emplois de payeurs centraux.

Receveurs particuliers des finances. — Les causes indiquées ci-dessus pour les trésoriers généraux semblent devoir entraîner le départ d'environ 50 receveurs des finances; il en restera donc 223 à pourvoir. Or, nous avons (art. 107 et 109) :

  50 emplois de payeurs centraux.
  20 — de payeurs adjoints.
  100 — créés d'inspecteurs des contributions directes.

Total.. 170 emplois; ce qui laisse seulement 53 receveurs des finances non pourvus d'emplois, auxquels il y aura lieu de servir le traitement de disponibilité de 3.000 fr., en attendant leur replacement successif dans les conditions indiquées à l'art. 108.

Percepteurs. — Les mises à la retraite d'office ou celles sur la demande des intéressés nous paraissent, sur 5,281 percepteurs, devoir entraîner le départ de 300 percepteurs au moins.

Il resterait donc 479 percepteurs à replacer.

Or, nous avons :

  90 emplois de chefs de comptabilité des payeurs.
  90 — de caissiers — —
  20 — d'employés — —
  25 — de commis de direction des contributions directes.

Soit 225 emplois; ce qui nous laisse à replacer 254 percepteurs, auxquels il y aura lieu d'attribuer comme traitement de disponibilité, en attendant leur replacement successif, soit 2.000 fr. par an, soit 3.000 fr., aux termes de l'art. 112.

Toutes les vacances annuelles des perceptions, sauf la moitié des
1re, 2e et 3e classes, et sauf celles réservées aux sous-officiers et au
Gouvernement, étant affectées au placement de ces 254 percepteurs,
il nous paraît probable que d'ici quatre ou cinq ans tous ou à peu
près seront pourvus d'un emploi.

Fondés de pouvoirs, etc. — Nous nous sommes occupé d'abord
des fonctionnaires de l'État, et c'était justice. Mais nous ne pou-
vions pas oublier une catégorie d'employés modestes et méritants
qui, tout en n'étant pas des fonctionnaires, n'en sont pas moins
dignes du plus grand intérêt à cause des services qu'ils rendent au
pays. Nous voulons parler des fondés de pouvoirs des trésoreries
générales, et après eux des caissiers des trésoreries et ensuite des
fondés de pouvoirs des recettes des finances. Il importe, dans notre
réorganisation, de songer à eux.

Nous avons tenu à leur réserver 86 des emplois, créés, de commis
de direction. Et, en ceci, il faut le dire, nous avons été mû, non
seulement par la pensée de leur être utile, mais aussi par celle
d'assurer la marche régulière du service dans les directions des
contributions directes. Nous ne pouvons laisser les directeurs livrés
à eux-mêmes, au moment d'assumer sur leur tête la responsabilité
d'un nouveau service et nous estimons qu'il sera profitable à tous
que ces 86 emplois soient occupés par les fondés de pouvoirs des
trésoriers généraux, et, à leur défaut, par les fondés de pouvoirs
des receveurs des finances.

Nous avons encore réservé à ces employés capables les emplois
suivants :

    16 emplois de chefs de comptabilité des payeurs.
    16 — de caissiers   —   —
    30 — d'employés   —   —

Soit.... 62 emplois en sus.

Nous croyons, en agissant de la sorte, être bien inspiré, au point
de vue de leurs intérêts et aussi de la bonne marche des services.

Mais, en réservant aux fondés de pouvoirs le plus grand nombre
des emplois, créés, de commis de direction, nous avons voulu leur

donner la facilité de ne pas borner là leur carrière, et nous leur avons ouvert l'accès de l'inspection et ensuite de la direction, en les appelant à subir, dans les 3 ans de leur nomination, un examen professionnel qui les déclarât aptes aux emplois supérieurs.

Avancement hiérarchique. — Quant au surplus des emplois, créés, d'inspecteurs (22), et de commis de direction (22), il n'était que juste de les réserver à l'avancement hiérarchique des agents du service actuel de l'assiette des contributions directes.

Résumé. — Si nous résumons, au point de vue financier, les probabilités auxquelles nous nous sommes arrêté, il nous reste à replacer :

53 receveurs particuliers des finances.

254 percepteurs.

Soit.... 307 en tout.

Si nous portons le traitement de disponibilité à servir annuellement aux uns et aux autres, tant qu'ils ne seront pas replacés, à la somme de 3.000 fr. (qui ne sera pas atteinte pour tous, d'après l'art. 112), cela occasionnera une dépense totale de 921.000 fr. ; ce qui réduira à 11.749.239 fr. l'économie annuelle de 12.670.239 fr. que nous avons réalisée, jusqu'au moment où, par suite de replacements successifs, elle se trouvera intégralement acquise au Trésor. Et nous ferons observer encore que les traitements servis aux percepteurs par les communes ont été évalués par nous, d'après les résultats de l'année 1884, et que, depuis lors, ils ont certainement progressé d'une manière sensible.

TITRE IX.

CONCLUSION, ETC.

Le tableau placé à la suite des explications relatives au titre III fait ressortir l'économie totale de notre projet à la somme de 12.670.239 francs.

Mais il y a lieu de faire subir à ce chiffre diverses modifications résultant des traitements de disponibilité et des nouvelles pensions civiles à servir. Il y a lieu aussi de tenir compte des réductions de crédits votées pour 1887, comme il sera expliqué ci-après.

Nous avons apprécié qu'à la suite de notre réorganisation d'ensemble il resterait à replacer environ 307 agents, à pourvoir d'un traitement de disponibilité jusqu'au moment de leur réintégration, savoir :

53 Receveurs des finances à 3.000 fr. l'un par an, ci.	159.000ᶠ
254 Percepteurs, à 3.000 fr. l'un au plus, ci.........	762.000
TOTAL maximum pour les traitements de disponibilité	921.000ᶠ

D'autre part, le service des pensions civiles se trouvera grevé, à peu près comme suit :

50 Trésoriers-payeurs généraux, à 6.000 fr. l'un....	300.000ᶠ
50 Receveurs des finances, à 3.000 fr. l'un.........	150.000
300 Percepteurs à 3.000 fr. l'un, en moyenne.......	900.000
TOTAL pour les nouvelles pensions civiles...	1.350.000ᶠ

Les traitements de disponibilité cesseront d'être servis au fur et à mesure des replacements qui pourront être opérés, à notre avis, dans un délai de cinq années, y compris celle de la promulgation de la loi. Par suite, la somme de 921.000 fr. ira s'affaiblissant chaque année. L'économie réalisée se trouvera, dès la 2ᵉ année, augmentée d'environ 1/5 de cette somme, soit 184.200 fr. ; elle sera augmentée de 2/5, soit 368.400 fr. pour la 3ᵉ année et ensuite de 552.600 fr., de 736.800 fr., et enfin de 921.000 fr. pour les années suivantes.

En ce qui a trait aux mises à la retraite, la somme de 1.350.000 fr., à laquelle nous avons fixé les nouvelles pensions à servir, ira s'amoindrissant chaque année et il est probable qu'après 15 ans elle sera à peu près nulle.

D'ailleurs, le service des pensions civiles bénéficiera de l'intérêt des cautionnements et des excédents de cautionnements à rembourser. Le montant des remboursements à effectuer étant de 60.981.453 fr. (voir titre IV), la réduction de la dette flottante atteindra de ce chef la somme totale de 1.829.444 fr.

Mais, comme les remboursements doivent être faits en deux annuités égales, l'une le 1ᵉʳ janvier de la première année de la promulgation de la loi; l'autre annuité, le 1ᵉʳ janvier de l'année suivante, l'économie réalisée de ce chef pour la première année ne sera que de 914.722 fr., et elle ne sera entièrement acquise au chiffre de 1.829.444 fr. que la 2ᵉ année.

<hr>

Résumé des effets financiers de notre projet.

Nous avons établi que notre projet produira une économie totale de... 12.670.239ᶠ

Il faut déduire pour la 1ʳᵉ année de la promulgation de la loi, savoir :

Traitements de disponibilité........	921.000ᶠ	
Nouvelles pensions civiles..........	1.350.000	
Intérêts du compte courant de cent millions des trésoriers généraux, calculé à 3 p. 0/0 en moyenne (sur 50 millions seulement)............................	1.500.000	3.771.000

Reste..........	8.899.239ᶠ
A reporter........	8.899.239ᶠ

	Report............	8.899.239ʳ

Il faut ajouter, pour cette première année, une somme de.. 914.722

représentant les intérêts des cautionnements à ne plus servir.

Soit, pour la 1ʳᵉ année, une économie totale de.. 9.813.961ʳ

Pour la 2ᵉ année, nous aurons, avec le point de départ de.. 12.670.239ʳ

Savoir : Déductions.

Traitements de disponibilité, 4/5 de 921.000   736.800ʳ
Nouvelles pensions civiles 14/15 de 1.350.000..   1.260.000

1.996.800

RESTE......... 10.673.439ʳ

Addition : Intérêts des cautionnements à ne plus servir.. 1.829.444

Soit, pour la 2ᵉ année, une économie totale de... 12.502.883ʳ

Pour la 3ᵉ année, nous aurons, avec le point de départ de.. 12.670.239ʳ

Savoir : Déductions.

Traitements de disponibilité, 3/5 de 921.000   552.600ʳ
Nouvelles pensions civiles 13/15 de 1.350.000..   1.170.000

1.722.600

RESTE......... 10.947.639ʳ

Addition : Intérêts des cautionnements à ne plus servir.. 1.829.444

Soit, pour la 3ᵉ année, une économie totale de... 12.777.083ʳ

Et ainsi de suite, jusqu'au moment où auront pris fin les traitements de disponibilité et les nouvelles pensions à servir, et alors, à la somme de... . 12.670.239ʳ

il faudra ajouter celle de....................... 1.829.444

D'où une économie totale de............ 14.499.683ʳ

Réductions opérées dans le budget de 1887.

Notre travail a eu pour point de départ le projet de budget de 1887, déposé par M. Sadi-Carnot. Nous avons à rectifier nos chiffres en tenant compte des réductions de crédits votées par les Chambres pour l'exercice 1887.

Ces réductions sont les suivantes :

1º Trésoriers-payeurs généraux (Circulaire de la comptabilité publique du 31 décembre 1886).

Réduction sur les intérêts du compte
courant...................... 1.000.000ᶠ (1) ⎫
                                              ⎬ 1.800.000ᶠ
Réduction sur les émoluments...... 800.000   ⎭

2º Receveurs particuliers des finances (Même circulaire).

Réduction sur les émoluments de.................. 250.000

3º Percepteurs (Circulaire de la comptabilité publique du 16 mars 1887).

Réduction de 22 centimes à 20 centimes par article du rôle (2)................................... 400.000

TOTAL des réductions sur le budget de 1887... 2.450.000ᶠ

Par suite, l'économie totale réalisée par notre projet, pour la 1ʳᵉ année de la promulgation de la loi de..................... 9.813.961ᶠ

Ne sera plus que de........................... 7.363.961

Notre économie pour la 2ᵉ année de................ 12.502.883

Ne sera plus que de........................... 10.052.883

(1) Cette réduction sur les intérêts du compte courant des Trésoriers-payeurs généraux nous paraît de nature à entraîner une réduction sensible sur le chiffre de 1.500.000 fr., auquel nous avons fixé, d'autre part, le montant des intérêts à servir de ce compte courant, avant son remboursement.

(2) La réduction de 2 centimes par article de rôle n'a sans doute été opérée que parce qu'elle était d'une exécution facile et immédiate. Nous ne pouvons cependant nous empêcher de la regretter et de faire remarquer qu'elle nous semble tout à fait anti-démocratique et contraire au but que l'on se proposait d'atteindre. Car, tout en ne s'étendant pas aux percepteurs de 5ᵉ classe, ni aux percepteurs de la Corse, elle sera surtout sensible pour les percepteurs des classes inférieures, et ne frappera que dans une proportion infime les agents pourvus des plus gros traitements, dans les perceptions desquels le nombre des articles de rôles est relativement peu élevé.

Notre économie pour la 3ᵉ année de.............. ...	12.777.083
Ne sera plus que de.............................	10.327.083
Et enfin, notre économie totale de.................	14.499.683
Ne sera plus que de.............................	12.049.683

Nous mentionnons, pour mémoire seulement, que le projet de budget de 1888, p. 88, réalise, sur les traitements des percepteurs, une nouvelle économie de 300.000 francs.

Enfin, il convient de ne pas perdre de vue que par la proposition émise à l'art. 95 de notre projet, nous créons une ressource nouvelle de plus de sept millions par an.

OBSERVATIONS FINALES.

Nous croyons avoir démontré les réels avantages de notre projet de nouvelle organisation, et tout en assurant à l'État une notable économie, nous avons cherché à ménager et à sauvegarder les intérêts des fonctionnaires dont nous nous sommes occupé.

Notre projet forme un tout complet, dont toutes les parties se tiennent et s'enchaînent; et tel qu'il est, nous prétendons qu'il est absolument pratique et facilement réalisable.

Nous osons espérer que si toutes les parties n'en sont pas acceptées, les grandes lignes du moins seront adoptées et que bien des propositions que nous avons émises ne tarderont pas à être appliquées.

Nous traversons une époque de réformes; c'est un fait incontestable. Ainsi, la transformation de nos impôts directs s'impose et elle va commencer par la révision de l'évaluation du revenu des propriétés bâties; le remaniement de la contribution personnelle-mobilière viendra ensuite forcément. L'impôt sur le revenu est à l'ordre du jour et tout porte à croire qu'il serait appliqué déjà si l'on avait pu en trouver la formule. Le renouvellement du cadastre, avec sa conservation, est réclamé de tous côtés et sera certainement entrepris dès que les nécessités budgétaires n'y mettront plus obstacle.

Pour mener promptement à bonne fin ces travaux considérables et bien d'autres que nous ne nommons pas, le personnel de l'assiette des contributions directes, malgré tout son dévouement, est loin d'être assez nombreux. Mais que, d'accord en cela avec nos propositions, l'on fasse du service du recouvrement une branche de l'administration des contributions directes, et alors il sera facile d'utiliser dans une certaine mesure le concours des percepteurs, et il deviendra possible, ce précieux moyen d'exécution aidant, de marcher d'une manière plus sûre et moins lente dans la voie des réformes qui sont si impatiemment attendues.

9

PROJET DE LOI.

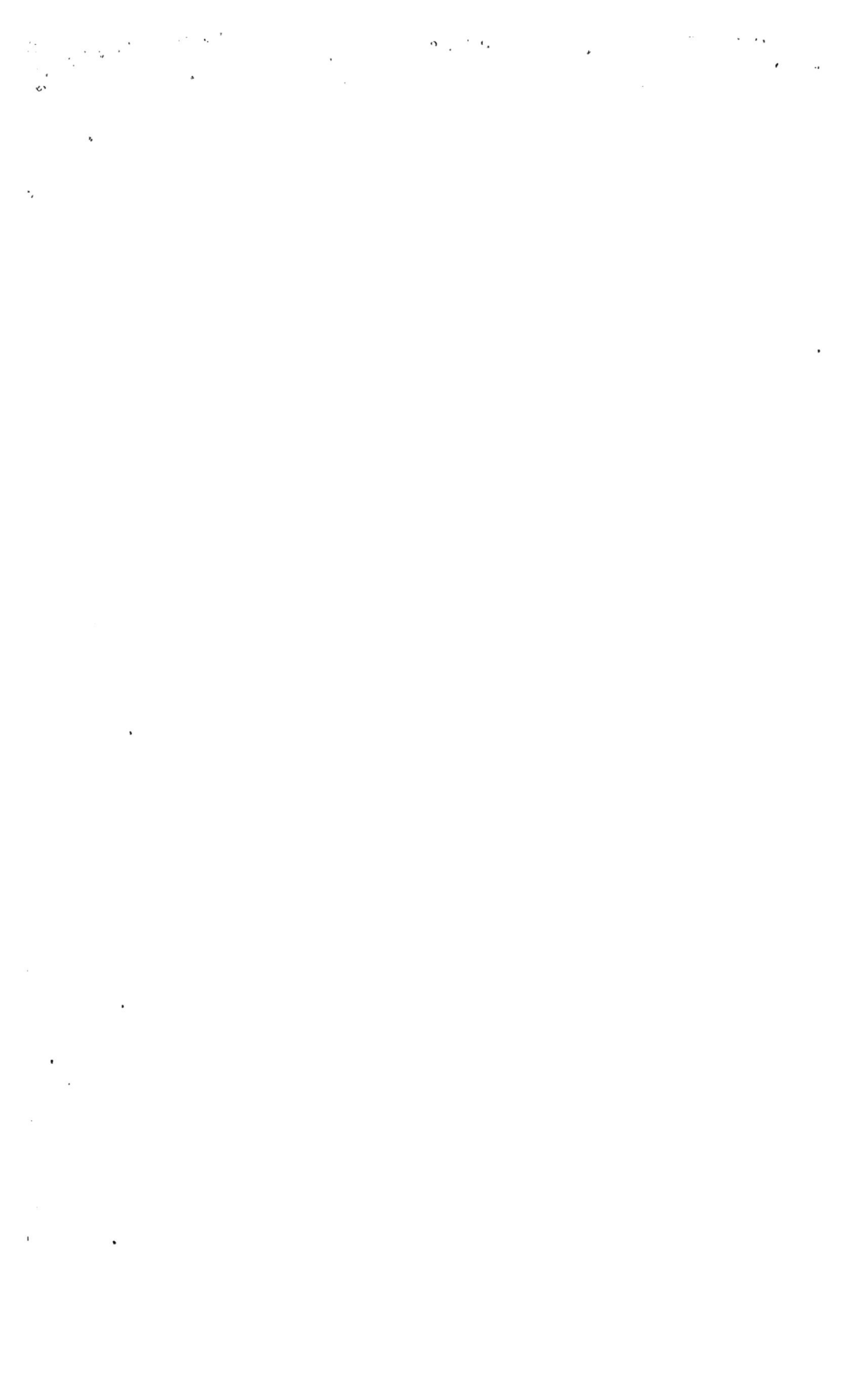

TITRE Ier.

SERVICES DE LA TRÉSORERIE.

SECTION Ire.

Suppression des trésoriers-payeurs généraux et des receveurs particuliers des finances.

ART. 1er. — Les trésoriers-payeurs généraux sont supprimés.
ART. 2. — Les receveurs particuliers des finances sont supprimés.

SECTION II.

Rôle de la Banque de France.

ART. 3. — A partir du 1er janvier 188 , la Banque de France est chargée, pour le compte du Trésor, *gratuitement* et dans les conditions qui seront déterminées par un règlement d'administration publique, qui sera rendu dans les deux mois de la promulgation de la loi, d'effectuer les opérations ci-après énumérées :

1° Elle reçoit les versements des comptables des cinq régies financières, contributions directes, enregistrement, douanes, contributions indirectes, postes et télégraphes, soit directement pour les comptables résidant dans une ville, siège d'une succursale ou d'un bureau auxiliaire, soit pour les autres comptables du département par l'intermédiaire de l'administration des postes et des télégraphes, comme service public gratuit.

2° Elle reçoit les sommes versées par les communes et par les établissements publics au compte du Trésor.

3° Elle reçoit, sur le *Vu bon à recevoir* du payeur central, les sommes versées au compte de la Caisse des dépôts et consignations.

4° Elle reçoit les sommes versées au compte de la grande chancellerie de la Légion d'honneur et du trésorier général des Invalides de la marine.

5° Elle reçoit les fonds destinés à être placés en valeurs du Trésor ; elle délivre ces valeurs, et plus tard, à l'échéance, elle les rembourse aux parties intéressées.

6° Elle opère, sans frais autres que ceux de courtage, justifiés par bordereaux d'agents de change, les achats et ventes de rentes sur l'État, les transferts de rentes nominatives, etc., pour le compte des particuliers, des communes et des établissements publics.

7° Elle remet des fonds de subvention au payeur central ; elle en remet ou en transmet au payeur adjoint, sur la réquisition écrite dans ces divers cas du payeur central.

Elle transmet des fonds de subvention aux différents comptables du département, sur la réquisition écrite du chef de service de ces comptables.

Les transmissions de fonds ont lieu par l'intermédiaire de l'administration des postes et des télégraphes, comme service public gratuit.

8° Elle paye, pour le compte du Trésor, soit directement à la caisse de chaque succursale ou bureau auxiliaire, soit par l'entremise des percepteurs des contributions directes, les arrérages de la dette publique.

Le tableau n° 1 fait connaître le nom des villes où il existe une succursale ou un bureau auxiliaire de la Banque de France.

ART. 4. — La Banque de France est chargée d'effectuer gratuitement toutes les opérations relatives aux emprunts que le Gouvernement viendrait à émettre.

ART. 5. — La Banque de France est chargée de faire, pour le compte du Crédit foncier de France et pour le compte de la Ville de Paris, toutes les opérations de caisse et autres, placement des obligations, réception de fonds, payement des intérêts et aussi des primes, etc., aux conditions arrêtées dans la convention intervenue à la date du　　　　　188　, entre le Ministre des finances et le Gouverneur du Crédit foncier de France et dans la convention du　　　　entre le Ministre des finances et le préfet de la Seine.

ART. 6. — Tout versement en numéraire ou en valeurs fait à la caisse de la Banque de France pour un service public ou pour un des services dont la Banque est chargée, en vertu de la présente loi, doit donner lieu à la délivrance immédiate d'un récépissé détaché d'un registre à souche. Le récépissé est signé par le directeur et par le caissier de la succursale ou du bureau auxiliaire et ces deux signatures, par dérogation à la loi du 14 avril 1833 et à l'ordonnance du 12 mai 1833, rendent le récépissé libératoire et formant titre envers le Trésor public ou les autres services dont la Banque est chargée.

ART. 7. — Lorsque les versements de fonds auront été opérés par des comptables résidant dans une ville, siège d'une succursale ou d'un bureau auxiliaire, la Banque de France remettra à ces comptables le récépissé dont il est question à l'article précédent, et adressera le jour même une copie de ce récépissé au chef de service du comptable.

Lorsque les versements de fonds auront été effectués par d'autres comptables, la Banque transmettra le jour même le récépissé au comptable et une copie dudit récépissé au chef de service du comptable.

SECTION III.

Payement des dépenses. — Payeur central.
— Payeur adjoint, etc.

ART. 8. — Il est créé au chef-lieu du département, un fonctionnaire, chef de service, qui prend le titre de *payeur central*,
qui assure le payement de toutes les dépenses publiques, autres
que celles qui concernent les cinq régies financières, et qui assure
aussi le payement des dépenses du département.

Le payeur central a mission de contrôler l'emploi successif des
crédits délégués aux ordonnateurs secondaires et la manière dont
les dépenses sont justifiées, tant au point de vue de la validité des
créances que de leur constatation régulière.

Il assure le payement des dépenses en ce qui concerne la Caisse
des dépôts et consignations, la grande chancellerie de la Légion
d'honneur et le trésorier général des Invalides de la marine.

Il autorise, après examen préalable des dossiers, la Banque de
France ou les percepteurs des villes chefs-lieux de département
ou d'arrondissement dans lesquelles la Banque de France ne possède
ni succursale ni bureau auxiliaire, à recevoir, sur son *Vu bon
à recevoir*, les sommes versées au compte de la Caisse des dépôts
et consignations.

ART. 9. — Le payeur central, en dehors des payements qu'il
effectue à sa caisse, utilise le concours des payeurs adjoints, quand
il en existe dans le département (voir art. 10) et celui de tous les
percepteurs des contributions directes du département, pour
l'acquittement des dépenses de l'État, du département, de la Caisse
des dépôts et consignations, de la grande chancellerie de la Légion
d'honneur et du trésorier général des Invalides de la marine.

ART. 10. — Il est créé un payeur adjoint qui est placé sous les
ordres du payeur central, dans les villes autres que les chefs-lieux
de département où l'acquittement des dépenses publiques présente
une grande importance.

Le tableau n° 3 indique le nom des villes où il est établi un payeur adjoint.

ART. 11. — Pour assurer le service des dépenses publiques, le payeur central, sur sa réquisition écrite, se fait remettre des fonds de subvention par la Banque de France ou en fait remettre au payeur adjoint qui est établi dans une ville où il existe une succursale.

Il en fait transmettre, sur sa réquisition écrite, aux autres payeurs adjoints par l'intermédiaire de l'administration des postes et des télégraphes, comme service public gratuit.

ART. 12. — Dans chaque ville, chef-lieu de département ou chef-lieu d'arrondissement où il n'existe pas de succursale ni de bureau auxiliaire de la Banque de France, le percepteur des contributions directes de cette ville est chargé, sous le contrôle et la surveillance du directeur des contributions directes, de recevoir les fonds autres que ceux provenant des versements des comptables des cinq régies financières, savoir :

Fonds destinés à être placés en rentes sur l'État ou en valeurs du Trésor;

Fonds destinés à être déposés à la Caisse des dépôts et consignations. Il ne peut recevoir ces fonds que sur le *Vu bon à recevoir* du payeur central;

Fonds versés au compte de la grande chancellerie de la Légion d'honneur, du trésorier général des Invalides de la marine, du Crédit foncier de France et de la Ville de Paris.

Tout versement fait entre ses mains pour l'un des services précités donne lieu, de sa part, à la délivrance immédiate d'un récépissé à talon qui doit être visé et séparé de son talon par le préfet ou par le sous-préfet de l'arrondissement, ou par leur délégué, dans les vingt-quatre heures de sa date, pour être rendu libératoire et formant titre envers l'État ou les services ci-dessus énumérés, par application de la loi du 24 avril 1833 et de l'ordonnance du 12 mai 1833.

Ce percepteur transmet tous les fonds qui sont versés entre ses mains à la succursale de la Banque de France, par l'intermédiaire de l'administration des postes et des télégraphes, comme service public gratuit.

Il lui transmet aussi les ordres d'achats et de ventes de rentes sur l'État et de valeurs du Trésor.

Art. 13. — Ce percepteur, sauf dans les villes où il existe un payeur adjoint, est chargé, sous la surveillance du directeur des contributions directes et sous le contrôle du payeur central, d'assurer, pour l'arrondissement, le service des dépenses de l'État, de la Caisse des dépôts et consignations, de la grande chancellerie de la Légion d'honneur et du trésorier général des Invalides de la marine, sur le *Vu bon à payer* du directeur des contributions directes s'il s'agit de dépenses concernant la régie financière des contributions directes, sur le *Vu bon à payer* du payeur central s'il s'agit de dépenses en dehors de celles qui concernent l'une des cinq régies financières.

Art. 14. — Tous les percepteurs des contributions directes, sauf ceux résidant dans les villes où il existe une succursale ou un bureau auxiliaire de la Banque de France, sont chargés, pour le compte de celle-ci, de payer les intérêts des rentes sur l'État et les intérêts des obligations du Crédit foncier de France et de la Ville de Paris.

Art. 15. — Les percepteurs des villes chefs-lieux d'arrondissement où il n'existe pas de payeur adjoint peuvent réclamer à la Banque de France, par l'intermédiaire du directeur des contributions directes et sur la réquisition écrite de ce dernier, des fonds de subvention pour assurer le service des dépenses publiques et autres qui leur incombent.

Art. 16. — Tous les rapports entre le payeur central et les percepteurs des contributions directes ne peuvent avoir lieu que par l'intermédiaire du directeur des contributions directes, chef de service des percepteurs.

Art. 17. — Le payeur central est nommé par le Président de la République, sur la proposition du Directeur général de la comptabilité publique et sur la présentation du Ministre des finances.

Il est placé sous les ordres immédiats du Directeur général de la comptabilité publique.

Il est justiciable de la Cour des comptes, en ce qui concerne les dépenses qu'il effectue pour le compte de l'État ou du département.

Art. 18. — Les payeurs adjoints sont nommés par le Ministre des finances sur la proposition du Directeur général de la comptabilité publique.

Ils sont placés sous les ordres immédiats du payeur central, lequel est responsable des faits de leur gestion.

ART. 19. — Les payeurs centraux sont répartis en quatre classes et rémunérés au moyen de traitements fixes, savoir :

1re classe, 15 payeurs centraux, à 15.000 francs.

2e	—	20	—	à 12.000	—
3e	—	25	—	à 10.000	—
4e	—	26	—	à 8.000	—

Les frais de personnel, de matériel et de loyer des bureaux des payeurs centraux font l'objet d'un abonnement. Il sont établis comme suit :

8 départements de 1re classe, à 20.000 francs par an.

7	—	1re	—	à 15.000	—
20	—	2e	—	à 12.000	—
25	—	3e	—	à 10.800	—
26	—	4e	—	à 8.000	—

Le tableau n° 2 annexé à la présente loi, fait connaître la répartition, par classe, des payeurs centraux, ainsi que le montant des frais de personnel, de matériel et de loyer des bureaux, dans chaque département.

ART. 20. — Les payeurs centraux ne peuvent être promus à une classe supérieure qu'après 3 années au moins passées dans la classe immédiatement inférieure.

Les payeurs adjoints ne peuvent être promus à la 1re classe de leur grade qu'après 3 ans au moins passés dans la 2e classe. Ils ne peuvent être nommés payeurs centraux qu'après 3 ans au moins de 1re classe comme payeurs adjoints.

La 1re classe, pour les uns et les autres, est attachée à la résidence, suivant les tableaux nos 2 et 3 annexés à la présente loi.

ART. 21. — Il est pourvu aux vacances annuelles des payeurs centraux, comme ci-après :

1/3 des vacances annuelles est réservé au choix du Gouvernement.

1/6 est attribué aux inspecteurs des contributions directes de 1re classe.

1/3 est attribué aux percepteurs des contributions directes de 1re classe.

1/6 est attribué aux payeurs adjoints de 1re classe.

· Lorsque le nombre des inspecteurs de 1re classe sera insuffisant pour pourvoir aux vacances annuelles dans la proportion ci-dessus indiquée, les percepteurs de 1re classe bénéficieront de la différence.

Les inspecteurs de 1re classe, les percepteurs de 1re classe et les payeurs adjoints de 1re classe ne peuvent être appelés qu'à des emplois de payeurs centraux de 4e classe.

ART. 22. — Les payeurs adjoints sont répartis en deux classes et rémunérés au moyen de traitements fixes, savoir :

1re classe, 10 payeurs adjoints à 7.000 fr.

2e — 10 — à 6.000 fr.

Le tableau n° 3 annexé à la présente loi, fait connaître la répartition des classes des payeurs adjoints.

Les frais de personnel, de matériel et de loyer des bureaux des payeurs adjoints font l'objet d'un abonnement. Ils sont établis, savoir :

10 payeurs adjoints de 1re classe, à raison de 7.000 fr. chacun par an.

10 payeurs adjoints de 2e classe, à raison de 6.000 fr. chacun par an.

ART. 23. — Seront nommés aux emplois de payeurs adjoints, pour pourvoir aux vacances annuelles, savoir :

Aux emplois de payeurs adjoints de 1re classe, les percepteurs de 2e classe.

Aux emplois de payeurs adjoints de 2e classe, les percepteurs de 3e classe et les chefs de comptabilité de 1re classe des payeurs centraux et des payeurs adjoints.

ART. 24. — Les payeurs centraux sont responsables des faits de leur gestion personnelle et des faits de la gestion des payeurs adjoints. Ils n'ont sous leurs ordres que les payeurs adjoints et le personnel de leurs bureaux.

Les payeurs adjoints ne sont responsables que des faits de leur gestion personnelle; ils n'ont sous leurs ordres que le personnel de leurs bureaux.

Les payeurs sont astreints à fournir, en argent, un cautionnement égal à quatre fois le montant de leur traitement fixe, savoir :

Payeurs centraux ...	1re classe, cautionnement de 60.000 fr.	

Payeurs centraux ...
- 1re classe, cautionnement de 60.000 fr.
- 2° — — de 48.000 fr.
- 3° — — de 40.000 fr.
- 4° — — de 32.000 fr.

Payeurs adjoints....
- 1re classe, cautionnement de 28.000 fr.
- 2° — — de 24.000 fr.

La moitié de chaque cautionnement devra appartenir en propre aux payeurs centraux et aux payeurs adjoints, et elle ne pourra, dès lors, être grevée en tout ou en partie d'un privilège de second ordre ; l'autre moitié pourra être fournie par des tiers.

ART. 25. — Les nominations et les avancements de classe des payeurs centraux et des payeurs adjoints seront publiés au *Journal officiel* dans le délai de quinze jours.

Chaque année, au mois de janvier, dans un rapport au Président de la République qui sera inséré au *Journal officiel*, le Ministre des finances rendra compte de la manière dont il aura été pourvu, l'année précédente, aux vacances d'emploi des payeurs centraux, dans les limites déterminées par l'art. 21 de la présente loi.

ART. 26. — Il est adjoint à chaque payeur central et à chaque payeur adjoint un chef de comptabilité et un caissier, rétribués directement par l'État. Il leur est adjoint aussi, suivant l'état de répartition indiqué au tableau n° 4 annexé à la présente loi, un ou plusieurs employés rétribués directement par l'État.

Les chefs de comptabilité, les caissiers et les employés des payeurs centraux et des payeurs adjoints sont répartis en quatre classes et rémunérés au moyen de traitements fixes comme ci-après :

Chefs de comptabilité.
- 1re classe 25 chefs de comptabilité à 4.500 francs.
- 2° — 25 — à 4.000 —
- 3° — 30 — à 3.500 —.
- 4° — 26 — à 3.000 —

Caissiers ......
- 1re classe 25 caissiers à .... 4.000 francs.
- 2° — 25 — à .... 3.500 —
- 3° — 30 — à .... 3.000 —
- 4° — 26 — à .... 2.500 —

$$
\text{Employés .....}
\begin{cases}
1^{re} \text{ classe } 10 \text{ employés à........} & 3.500 \text{ francs.} \\
2^{e} \quad - \quad 1? \quad - \quad \text{à........} & 3.000 \quad - \\
3^{e} \quad - \quad 12 \quad - \quad \text{à........} & 2.500 \quad - \\
4^{e} \quad - \quad 16 \quad - \quad \text{à........} & 2.000 \quad -
\end{cases}
$$

Art. 27. — Les chefs de comptabilité, les caissiers et les employés des payeurs centraux et des payeurs adjoints sont nommés par le Directeur général de la comptabilité publique, sur la présentation des payeurs centraux.

Les uns et les autres, dans leur catégorie respective, ne peuvent être promus à un avancement de classe qu'après 3 années passées dans la classe immédiatement inférieure.

Les caissiers peuvent être appelés à des emplois de chefs de comptabilité et les employés à des emplois de caissiers, mais sans changer de traitement fixe, s'ils n'ont pas droit à l'avancement. Pour obtenir un avancement de classe dans leur nouvel emploi, ils doivent compter 3 années au moins dans la classe correspondant au traitement fixe qui leur était attribué dans leurs précédentes fonctions.

La 1re classe, pour les uns et les autres, est attachée à la résidence.

Art. 28. — Le recrutement des chefs de comptabilité, des caissiers et employés des payeurs centraux et des payeurs adjoints s'opère de la manière suivante :

Sont appelés :

A des emplois de chefs de comptabilité de 1re et de 2e classe et de caissiers de 1re classe, les percepteurs de 5e classe.

A des emplois de chefs de comptabilité de 3e classe, de caissiers de 2e classe et d'employés de 1re classe, les percepteurs de 6e classe.

A des emplois de chefs de comptabilité de 4e classe, de caissiers de 3e ou de 4e classe et d'employés de 2e ou 3e classe, les percepteurs de 7e classe.

Les employés de 4e classe sont nommés après un examen spécial subi devant le payeur central, qui a déclaré, d'une manière expresse, qu'ils sont aptes à remplir ces fonctions. Ils ne peuvent être nommés avant l'âge de 21 ans accomplis.

Art. 29. — Les chefs de comptabilité, les caissiers et les employés, rétribués directement par l'État, des payeurs centraux et des payeurs adjoints sont astreints à verser un cautionnement fixé au montant même de leur traitement fixe.

Art. 30. — Peuvent être appelés à des emplois de percepteurs des contributions directes, dans la proportion indiquée au tableau de répartition des vacances annuelles des perceptions, savoir :

A des emplois de percepteurs de 4ᵉ classe, les chefs de comptabilité de 1ʳᵉ et de 2ᵉ classe et les caissiers de 1ʳᵉ classe.

A des emplois de percepteurs de 5ᵉ classe, les chefs de comptabilité de 3ᵉ classe, les caissiers de 2ᵉ classe et les employés de 1ʳᵉ classe.

Art. 31. — Les nominations et les avancements de grade ou de classe des chefs de comptabilité, des caissiers et des employés, rétribués directement par l'État, des payeurs centraux et des payeurs adjoints, sont publiés au *Journal officiel* dans le délai de quinze jours.

Art. 32. — Un règlement d'administration publique déterminera les diverses obligations des payeurs et la manière dont ils auront à rendre compte de leurs opérations.

TITRE II.

ART. 33. — A partir du 1ᵉʳ janvier 188 , les versements en argent ou en valeurs des comptables des cinq régies financières, contributions directes, contributions indirectes, enregistrement, douanes, postes et télégraphes, seront faits, savoir :

Par les comptables résidant dans une ville, siège d'une succursale ou d'un bureau auxiliaire de la Banque de France, à la caisse de cette succursale ou de ce bureau auxiliaire;

Par les autres comptables du département, à la caisse de la succursale ou du bureau auxiliaire de la Banque de France du chef-lieu du département, ou du chef-lieu d'arrondissement auquel appartiendront les comptables, par l'intermédiaire de l'administration des postes et des télégraphes, comme service public gratuit.

ART. 34. — Les fonds de subvention que la Banque de France aura à adresser au payeur adjoint ou aux comptables de l'une des cinq régies financières, seront transmis par l'administration des postes et des télégraphes, comme service public gratuit, sur la réquisition écrite du payeur central, ou sur la réquisition écrite du chef de service du comptable.

ART. 35. — Dans les deux mois de la promulgation de la présente loi, un règlement d'administration publique déterminera les conditions spéciales dans lesquelles seront effectués par l'administration des postes et des télégraphes les transports gratuits des fonds publics, provenant des versements des comptables ou des fonds de subvention à leur adresser.

TITRE III.

ORGANISATION DE L'ADMINISTRATION DES CONTRIBUTIONS DIRECTES.

SECTION Ire.

Réunion des services de l'assiette et du recouvrement.

Art. 36. — A partir du 1er janvier 188 , le service de l'assiette et celui du recouvrement des contributions directes sont réunis en une seule administration, qui prend le titre d'Administration des contributions directes et qui forme une régie financière, autonome, comprenant deux branches distinctes, celle de l'assiette et celle du recouvrement.

SECTION II.

Directeurs des contributions directes.

Art. 37. — Le directeur est le chef de service dans le département.

Il dirige, surveille, vérifie et centralise toutes les opérations relatives à l'assiette des contributions directes et des taxes y assimilées.

Il dirige, surveille et vérifie toutes les opérations relatives au recouvrement des contributions directes et des taxes y assimilées, ainsi que des divers produits budgétaires qui ne sont pas recouvrés par les quatre autres régies financières, enregistrement, douanes, contributions indirectes, postes et télégraphes.

Il est ordonnateur secondaire, en ce qui a trait au service des dépenses concernant la régie financière des contributions directes, et il assure l'acquittement des dépenses publiques auxquelles concourent les percepteurs des contributions directes.

ART. 38. — Le directeur des contributions directes a sous ses ordres :

1° Des *inspecteurs* chargés de surveiller et de vérifier les agents de l'assiette et ceux du recouvrement.

2° Des *commis de direction* pour diriger le service des bureaux.

3° Des *contrôleurs* qui ont pour mission d'établir les contributions directes et les taxes y assimilées et de procéder à certaines surveillances et vérifications, en ce qui a trait aux agents du recouvrement.

4° Des *percepteurs* qui sont chargés de recouvrer les contributions directes et les taxes y assimilées, ainsi que les divers produits budgétaires qui ne sont pas recouvrés par les comptables des régies financières autres que celle des contributions directes, de concourir à l'acquittement des dépenses publiques, au payement des arrérages de la dette publique, etc.

Le percepteur de la ville, chef-lieu du département, prend le titre de *percepteur principal*. En outre des attributions confiées aux autres percepteurs, il a pour mission de centraliser dans ses écritures, toutes les opérations, en recettes et en dépenses, effectuées par les percepteurs et par les receveurs spéciaux des communes et des établissements hospitaliers. Il est seul justiciable de la Cour des comptes, en ce qui a trait aux dépenses publiques faites pour le ompte du Trésor par les percepteurs des contributions directes.

Les percepteurs des villes, chefs-lieux de département ou chefs-x d'arrondissement où il n'existe pas de succursale ni de bureau 'laire de la Banque de France, ont des attributions spéciales 't été indiquées aux art. 12 à 15.

'es *receveurs spéciaux* des communes, des hospices et des

bureaux de bienfaisance, chargés d'assurer le service des recettes et celui des dépenses de ces divers établissements.

6° Des *surnuméraires*, en nombre suffisant, pour remplacer et suppléer les agents empêchés de faire leur service, malades ou absents.

ART. 39. — Les directeurs sont nommés par le Président de la République sur la proposition du Directeur général des contributions directes et la présentation du Ministre des finances.

Ils sont placés sous les ordres immédiats du Directeur général des contributions directes.

Ils sont choisis parmi les inspecteurs comptant au moins six ans d'exercice dans ce grade.

Les sous-chefs de bureau de l'administration centrale sont assimilés aux inspecteurs et ne peuvent être promus aux fonctions de directeur, qu'après cinq années au moins dans leur grade, dont les trois dernières comme inspecteurs dans le service extérieur.

Les chefs de bureau de l'administration centrale sont assimilés aux directeurs; mais ils ne peuvent être appelés aux fonctions de directeur qu'après trois années au moins passées dans leur grade de chefs de bureau.

ART. 40. — Les directeurs des contributions directes sont répartis en trois classes et rémunérés au moyen de traitements fixes, savoir :

1re classe, 25 directeurs, à 12.000 francs.
2e — 30 — à 10.000 —
3e — 31 — à 8.000 —

Les frais de personnel, de matériel et de loyer des bureaux des directeurs font l'objet d'un abonnement. Ils sont établis comme ci-après :

15 directions de 1re catégorie, 20.000 fr. par an pour chacune.
20 — 2e — 15.000 — —
25 — 3e — 12.000 — —
26 — 4e — 10.000 — —

Le tableau n° 5, annexé à la présente loi, fait connaître la répartition, par catégorie des directions, au point de vue des frais de personnel, de matériel et de loyer de bureaux, dans chaque département.

ART. 41. — Les directeurs ne peuvent être promus à une classe supérieure qu'après 3 années au moins passées dans la classe immédiatement inférieure.

La première classe est attachée à la résidence, suivant le tableau n° 5 annexé à la présente loi. Elle est donnée au choix aux directeurs de 2e classe.

ART. 42. — Les directeurs de 3e classe peuvent être appelés à des emplois de percepteurs de 1re classe, au traitement fixe de 12.000 fr., et les directeurs de 1re et de 2e classe à des emplois de percepteurs de Paris, le tout dans la proportion indiquée au tableau de répartition des vacances annuelles des perceptions.

SECTION III.

Inspecteurs des contributions directes.

ART. 43. — Les inspecteurs des contributions directes sont nommés par le Ministre des finances, sur la présentation du Directeur général des contributions directes.

Ils sont choisis parmi les commis principaux de direction de 1re et de 2e classe ayant au moins cinq ans dans leur grade, et parmi les contrôleurs principaux de Paris et les contrôleurs principaux de 1re et de 2e classe comptant au moins six ans dans leur grade.

Les contrôleurs principaux hors classe ne concourent plus pour l'inspection.

ART. 44. — Les inspecteurs sont placés au chef-lieu du département, sous les ordres immédiats du directeur. Ils n'ont pas de circonscription déterminée et ils sont répartis entre les départements, suivant le tableau n° 5 annexé à la présente loi.

Ils sont chargés de surveiller et de vérifier toutes les opérations des contrôleurs et des percepteurs des contributions directes, et aussi des receveurs spéciaux des communes, des hospices et des bureaux de bienfaisance.

Art. 45. — Les inspecteurs sont répartis en trois classes et rémunérés au moyen de traitements fixes, ainsi qu'il suit :

1re classe, 70 inspecteurs à 7.000 francs.
2e   —   70   —   à 6.000   —
3e   —   80   —   à 5.000   —

Il leur est attribué pour frais de tournées et par abonnement une indemnité annuelle de 1.500 francs.

Art. 46. — Les inspecteurs ne peuvent être promus à une classe supérieure qu'après 3 années au moins passées dans la classe immédiatement inférieure.

Art. 47. — Les inspecteurs des contributions directes de 1re classe peuvent être appelés à des emplois de payeurs centraux de 4e classe dans la proportion de 1/6 des vacances annuelles. (Voir art. 21.)

Les inspecteurs des contributions directes peuvent être appelés à des emplois de percepteurs dans la proportion indiquée au tableau de répartition des vacances annuelles des perceptions, savoir :

Inspecteurs de 1re classe, à des emplois de percepteurs de 1re classe de 8.000 francs.

Inspecteurs de 2e classe, à des emplois de percepteurs de 2e classe de 7.000 francs.

Inspecteurs de 3e classe, à des emplois de percepteurs de 3e classe de 6.000 fr.

SECTION IV.

Commis de direction des contributions directes.

Art. 48. — Les commis de direction comprennent des commis principaux de 1re et de 2e classe et des commis ordinaires de 1re et de 2e classe.

Ils sont répartis entre les divers départements, suivant le tableau n° 5 annexé à la présente loi.

Art. 49. — Les commis principaux et les commis ordinaires sont nommés par le Directeur général des contributions directes.

· Ils sont chargés, sous l'autorité immédiate du directeur, de diriger le service des bureaux de la direction, au point de vue de l'assiette et du recouvrement.

ART. 50. — Les commis principaux sont choisis parmi les contrôleurs principaux, parmi les commis de direction de 1re classe ayant au moins quatre ans de 1re classe, et parmi les contrôleurs de 1re classe ayant au moins cinq ans de 1re classe.

Les commis de 1re classe sont choisis parmi les contrôleurs de 1re classe, parmi les commis de 2e classe ayant deux ans au moins de 2e classe, et parmi les contrôleurs de 2e classe ayant au moins trois ans de 2e classe.

Les commis de 2e classe sont choisis parmi les contrôleurs de 2e classe et parmi les contrôleurs de 3e classe ayant au moins trois ans de 3e classe. Le service militaire dans l'armée active compte pour une année.

Les commis principaux de 2e classe peuvent être promus à la 1re classe après deux ans au moins passés dans la 2e classe.

ART. 51. — Les commis principaux et les commis de direction sont rémunérés au moyen de traitements fixes, savoir :

Commis principaux..	40 de 1re classe à 4.500 francs.
	40 de 2e — à 4.000 —
Commis ordinaires ..	70 de 1re — à 3.200 —
	70 de 2e — à 2.800 —

Il est alloué à chacun des commis de direction, principaux ou ordinaires, une indemnité spéciale, la même pour chacun d'eux dans le département, pour leur tenir compte de leur surveillance des travaux de la confection des rôles et de ceux relatifs au service du recouvrement. Cette indemnité, imputée sur le fonds de non-valeurs des quatre contributions directes, est réglée comme ci-après :

1.000 fr. pour chacun des 64 commis dans les directions de 1re classe.
800 fr. — 54 — de 2e —
650 fr. — 50 — de 3e —
550 fr. — 52 — de 4e —

ART. 52.—Après douze années de services, au moins, les commis de direction peuvent être appelés à des emplois de percepteurs, dans la proportion indiquée au tableau de répartition des vacances annuelles des perceptions, savoir :

Commis principaux de 1ʳᵉ classe, à des emplois de percepteurs de 3ᵉ classe.

Commis principaux de 2ᵉ classe, à des emplois de percepteurs de 4ᵉ classe.

Commis de direction de 1ʳᵉ classe, à des emplois de percepteurs de 5ᵉ classe.

SECTION V.

Contrôleurs des contributions directes.

Art. 53. — Les contrôleurs des contributions directes sont nommés par le Directeur général des contributions directes.

Art. 54. — Ils sont chargés de l'assiette des contributions directes et des taxes y assimilées. Ils ont aussi mission d'opérer certaines surveillances et vérifications auprès des agents du recouvrement, savoir principalement : constater la situation de la caisse; comparer les indications du registre des quittances à souche avec les rôles; vérifier l'émargement des ordonnances de dégrèvement; rapprocher un certain nombre de quittances des indications des registres à souche dont elles auront été détachées; s'assurer de situation des recouvrements par l'examen des rôles, etc.

Art. 55. — Ils sont classés et rémunérés au moyen *' tements fixes, comme ci-après :

40 contrôleurs principaux hors classe, traitement *
46 contrôleurs principaux de Paris,   —
85 contrôleurs principaux de 1ʳᵉ classe,
98   —   de 2ᵉ classe,
50 contrôleurs hors classe,
220 contrôleurs de 1ʳᵉ classe,
240   —   de 2ᵉ classe,
149   —   de 3ᵉ classe,

Il leur est alloué, à titre de frais de tournées et de bureau, et par abonnement, une indemnité annuelle, savoir :

Contrôleurs principaux de Paris et de la banlieue de Paris, 1.500 fr.

Contrôleurs principaux hors classe et contrôleurs principaux de 1re et de 2e classe, 1.200 fr.

Contrôleurs hors classe et contrôleurs de 1re, de 2e et de 3e classe, 1.000 fr.

ART. 56. — Le temps minimum à passer dans chaque grade et dans chaque classe est déterminé comme ci-après :

Peuvent être nommés, savoir :

Contrôleurs principaux hors classe : les commis principaux ou les contrôleurs principaux, à partir de l'âge de 53 ans.

Contrôleurs principaux de 1re classe : les commis principaux de 1re classe, les commis principaux de 2e classe ayant au moins 2 ans dans la 2e classe, et les contrôleurs principaux de 2e classe ayant au moins 3 ans dans la 2e classe. (Les contrôleurs principaux de la Seine débutent dans la 1re classe.)

Contrôleurs principaux de 2e classe : les commis principaux de 2e classe, les contrôleurs hors classe, les commis de direction de 1re classe ayant au moins 4 ans dans la 1re classe et les contrôleurs de 1re classe ayant au moins 5 ans dans la 1re classe.

Contrôleurs hors classe : les commis de direction de 1re classe ayant au moins 4 ans dans la 1re classe, et les contrôleurs de 1re classe ayant au moins 5 ans dans la 1re classe.

Contrôleurs de 1re classe : les commis de direction de 1re classe, les commis de direction de 2e classe ayant au moins 2 ans dans la 2e classe, et les contrôleurs de 2e classe ayant au moins 3 ans dans la 2e classe.

Contrôleurs de 2e classe : les commis de direction de 2e classe et les contrôleurs de 3e classe ayant au moins 3 ans dans la 3e classe. Le service militaire dans l'armée active compte pour une année.

Contrôleurs de 3e classe : les surnuméraires du service de l'assiette, âgés de 21 ans au moins, ayant subi avec succès les épreuves de l'examen du 2e degré et ayant été déclarés aptes par le directeur à remplir les fonctions de contrôleur.

ART. 57. — Les percepteurs qui, avant l'âge de trente ans, de auront subi avec succès un examen professionnel devant une commission instituée par le Ministre des finances, pourront être appelés à des emplois de contrôleurs, savoir :

Les percepteurs de 7e classe, à des emplois de contrôleurs de 2e classe.

Les percepteurs de 6e et de 5e classe, à des emplois de contrôleurs de 1re classe.

ART. 58. — Après douze années de services au moins, peuvent être appelés à des emplois de percepteurs, suivant la proportion indiquée au tableau de répartition des vacances annuelles des perceptions, savoir :

Les contrôleurs principaux hors classe et les contrôleurs principaux de Paris, à des emplois de percepteurs de 2e classe.

Les contrôleurs principaux de 1re classe, à des emplois de percepteurs de 3e classe.

Les contrôleurs principaux de 2e classe, à des emplois de percepteurs de 4e classe.

Les contrôleurs hors classe et les contrôleurs de 1re classe, à des emplois de percepteurs de 5e classe.

SECTION VI.

Dispositions générales relatives aux agents de l'assiette.

ART. 59. — Les nominations et les avancements, dans tous les grades et dans toutes les classes, des agents de l'assiette des contributions directes, seront publiés au *Journal officiel* dans le délai de quinze jours.

ART. 60. — Le parcours gratuit sur les chemins de fer est accordé aux directeurs et aux inspecteurs des contributions directes dans toute l'étendue du département, et aux contrôleurs des contributions directes dans les limites de leurs circonscriptions.

SECTION VII.

Percepteurs des contributions directes.

ART. 61. — Les percepteurs des contributions directes sont chargés d'opérer le recouvrement des contributions directes et des taxes y assimilées, ainsi que de divers produits budgétaires non recouvrés par les régies financières autres que celle des contributions directes.

Ils prennent part aux travaux des mutations et à divers autres travaux dans les conditions qui sont spécifiées par les règlements et instructions sur la matière.

Ils sont chargés de prendre part à l'acquittement des dépenses publiques.

Ils sont chargés, sous la surveillance du directeur, de payer, pour le compte de la Banque de France, les arrérages de la dette publique et les intérêts des obligations du Crédit foncier de France et de la Ville de Paris.

Le percepteur principal, qui réside au chef-lieu du département, a mission, sous l'autorité du directeur, de centraliser dans ses écritures toutes les opérations, en recettes et en dépenses, qui sont effectuées par les percepteurs et par les receveurs spéciaux des communes et des établissements hospitaliers dans le département.

Les percepteurs des villes chefs-lieux de département et chefs-lieux d'arrondissement où il n'existe pas de succursale ni de bureau auxiliaire de la Banque de France, sont chargés, en outre des obligations qui leur sont communes avec les autres percepteurs, de certaines attributions qui sont indiquées aux art. 12 à 15.

ART. 62. — Le recrutement des percepteurs s'effectue, savoir :

1° Parmi les percepteurs surnuméraires, ainsi qu'il sera expliqué à l'article suivant ;

2° Parmi les candidats qui seront énumérés aux art. 68, 70, 71.

ART. 63. — Nul ne peut être nommé percepteur surnuméraire, s'il n'est âgé de 19 ans au moins et de 29 ans au plus et s'il n'a été reconnu admissible à la suite d'un concours.

Le concours a lieu par régions et sur l'ensemble de la France, comme cela se pratique pour le recrutement des surnuméraires de l'assiette des contributions directes.

ART. 64. — La durée du stage des percepteurs surnuméraires est fixée au minimum de deux ans.

Ils ne peuvent être nommés, sur toute l'étendue de la France, qu'à des emplois de percepteurs de 7° classe.

ART. 65. — Les percepteurs sont répartis en sept classes, avec trois échelons dans la 1re classe et une situation particulière pour la ville de Paris; ils sont rémunérés au moyen de traitements fixes (1), savoir :

Paris......... {	23 perceptions à......	20.000	francs.
	14 — à......	16.000	—
1re classe...... {	89 perceptions à......	12.000	francs.
	50 — à......	10.000	—
	113 — à......	8.000	—
2° classe......	296 perceptions à......	7.000	francs.
3° —	409 — à......	6.000	—
4° —	894 — à......	5.000	—
5° —	1,147 — à......	4.000	—
6° —	989 — à......	3.200	—
7° —	478 — à......	2.500	—
	4,502		

Il leur est alloué, en outre, en sus de l'indemnité spéciale afférente au travail des mutations, les indemnités accessoires ci-après :

1° Indemnité à raison de 20 fr. par commune.

2° Indemnité à raison de 10 fr. par hospice et par bureau de bienfaisance.

3° Indemnité de frais d'aide, de responsabilité et de loyer aux percepteurs principaux, savoir :

6.000 fr. à Paris;

4.000 fr. dans les villes, chefs-lieux de département (14), où il n'existe pas de succursale de la Banque de France;

(1) Voir, au sujet des traitements fixes à allouer aux percepteurs, la note relative à cet art. 65, dans nos explications, titre III, section VII.

4.000 fr. dans les départements (celui de la Seine excepté) rangés dans la 1re classe au point de vue des directions (13);

3.000 fr. dans les départements (16) rangés dans la 2e classe;

2.500 fr. — (20) — 3e —

2.000 fr. — (22) — 4e —

(Voir le tableau n° 6 annexé à la loi.)

4° Indemnité de frais d'aide et de responsabilité aux percepteurs des villes chefs-lieux d'arrondissement où il n'existe pas de succursale de la Banque de France, variant de 3.000 à 1.000 fr., suivant les indications du tableau n° 8 (230 perceptions.) (Voir le tableau n° 8 annexé à la loi.)

5° Indemnité de frais de loyer, savoir :

3.000 fr. aux percepteurs de la ville de Paris (36), le percepteur principal excepté;

1.000 fr. aux percepteurs de la banlieue de la Seine (19);

1.000 fr. aux percepteurs des villes dont le service est partagé entre plusieurs percepteurs (48), cette indemnité ne se cumulant pas avec celles des n°s 3 et 4. (Voir le tableau n° 7 annexé à la loi.)

6° Indemnité de frais de responsabilité de 1.000 fr. aux percepteurs de certaines communes où le service de la dépense est exceptionnel. (15 environ.)

7° Indemnité de 2 centimes par article de rôle pour la distribution des avertissements aux contribuables.

ART. 66. — Le tableau des perceptions par classe et pour chaque département est annexé à la présente loi sous le n° 9.

Toutes les perceptions des villes chefs-lieux de département seront de 1re classe.

Les perceptions des villes chefs-lieux d'arrondissement seront de 1re classe, de 2e classe et au minimum de 3e classe.

Dans les 2 mois qui suivront la promulgation de la présente loi, une commission composée du préfet, du directeur et de l'inspecteur des contributions directes, revisera la circonscription des perceptions dans chaque département et ramènera le nombre des perceptions, par classe, aux chiffres du tableau ci-dessus indiqué. Le nouveau classement des perceptions sera arrêté par le Ministre des finances et inséré au *Journal officiel*, avant la fin du 3e mois qui suivra celui de la promulgation de la présente loi.

ART. 67. — Les percepteurs des contributions directes sont responsables du recouvrement des rôles des contributions directes et des rôles des taxes y assimilées.

Ils sont responsables des autres faits de leur gestion.

Ils sont astreints à fournir un cautionnement dont le chiffre est fixé, savoir :

Pour les percepteurs de la ville de Paris, à quatre fois le montant de leur traitement fixe ;

Pour les percepteurs de la Corse, à deux fois le montant de leur traitement fixe ;

Pour tous les autres percepteurs, à trois fois le montant de leur traitement fixe.

ART. 68. — Sont admissibles aux emplois de percepteurs de 7° et de 6° classe, suivant les vacances dans ces classes, les sous-officiers de terre et de mer qui auront passé 12 ans sous les drapeaux dans l'armée active, dont les quatre dernières au moins avec le grade de sous-officier.

Il leur sera réservé 30 p. % des perceptions de 6° et 7° classe, dans la proportion des vacances annuelles.

ART. 69. — Ces sous-officiers devront d'abord être déclarés aptes à prétendre à des emplois de percepteurs, dans l'examen qu'ils auront à subir devant la commission constituée dans leur corps, conformément au programme fixé par le décret du 28 octobre 1874.

Ensuite, ils seront placés par l'État dans les casernes du chef-lieu du département ; ils y seront logés, nourris et vêtus dans les mêmes conditions que les sous-officiers en activité ; ils recevront de plus une haute paye de 1 fr. par jour.

Ils seront dispensés de tout service militaire et seront astreints à travailler dans les bureaux du directeur des contributions directes, aux ordres duquel ils auront à obéir entièrement.

Après un stage de deux ans au plus, ils subiront un examen professionnel devant une commission instituée par le Ministre des finances. S'ils sont reconnus admissibles, ils seront nommés d'après leur rang de classement et suivant les vacances, à des perceptions de 7° ou de 6° classe, et resteront à la caserne dans les conditions précitées, jusqu'au moment où ils seront pourvus d'un emploi.

Ceux qui, après deux ans de stage, n'auront pas subi avec succès l'examen professionnel, seront renvoyés dans leurs foyers, sans compensation ni indemnité.

ART. 70. — Sont admissibles aux emplois de percepteurs de 7ᵉ classe, dans la proportion déterminée au tableau de répartition des vacances annuelles des perceptions, les militaires et marins jusqu'au grade de sous-officier exclusivement, qui par suite de blessures graves reçues dans un service commandé, auront été réformés à titre définitif ou retraités prématurément, sauf à eux à subir avec succès l'examen professionnel exigé des sous-officiers classés après leur stage.

ART. 71. — Les candidats qui, en dehors des percepteurs sur-numéraires, des sous-officiers classés et des militaires et des marins relatés à l'article précédent, peuvent être appelés à des perceptions de diverses classes dans la proportion déterminée au tableau de répartition des vacances annuelles des perceptions et suivant, pour certains d'entre eux, les règles précisées aux art. 30, 42, 47, 52 et 58 de la présente loi, sont les suivants :

1° Employés de l'administration centrale des finances : chefs de bureau, sous-chefs de bureau et commis principaux;

2° Agents de l'administration des contributions directes : directeurs, inspecteurs, commis principaux et commis ordinaires de direction de 1ʳᵉ classe, contrôleurs principaux hors classe, contrôleurs principaux, contrôleurs hors classe et contrôleurs de 1ʳᵉ classe; employés des directions des contributions directes payés par les directeurs sur leur fonds d'abonnement;

3° Trésoriers-payeurs et trésoriers particuliers des colonies et agents des trésoreries d'Afrique et de Cochinchine commissionnés à la suite d'un concours;

4° Chefs de comptabilité et caissiers des payeurs centraux et des payeurs adjoints;

5° Officiers de tout grade réformés définitivement ou retraités prématurément par suite de blessures graves reçues dans un service commandé, et officiers de sapeurs-pompiers grièvement blessés dans l'exercice de leurs fonctions;

6° Maires, adjoints et fonctionnaires civils qui auront reçu une blessure grave dans l'exercice de leurs fonctions en accomplissant un acte de courage ou de dévouement;

7° Receveurs municipaux;

8° Chefs de division et de bureau de préfecture, greffiers des conseils de préfecture, secrétaires en chef des sous-préfectures.

Enfin, un dixième de vacances annuelles, dans chaque classe, est réservé au choix du Gouvernement.

ART. 72. — Aucune condition de durée de services n'est exigée des militaires et marins mentionnés à l'art. 70, des officiers et des maires, adjoints et fonctionnaires civils relatés aux n°s 5 et 6 de l'article précédent, non plus que des candidats dont la nomination sera réservée au choix du Gouvernement.

ART. 73. — Les autres candidats énumérés à l'art. 71 devront justifier d'un minimum de services, non compris le surnumérariat, savoir :

Minimum de douze années de services, pour les employés de l'administration centrale des finances et pour les agents des contributions directes, service de l'assiette.

Minimum de 15 ans de services, rétribués directement par l'État, pour les chefs de comptabilité et les caissiers des payeurs centraux et des payeurs adjoints.

Ce minimum sera réduit à dix ans pour les fondés de pouvoirs, caissiers et employés, actuellement en fonctions dans les tresoreries générales ou les recettes des finances qui seront appelés aux emplois ci-dessus indiqués dans l'année pour laquelle la présente loi sera promulguée.

Minimum de quinze ans de services, pour les employés de préfecture et de sous-préfecture, les receveurs municipaux et les employés des directions des contributions directes; les services admissibles sont ceux qui ont été rétribués et rendus à partir de la majorité.

Minimum de huit ans de services, pour les trésoriers-payeurs et les trésoriers particuliers des colonies, ainsi que pour les employés des trésoreries d'Afrique et de Cochinchine.

ART. 74. — La proportion des vacances annuelles, dans les perceptions des diverses classes, dont pourront profiter les candidats exceptionnels, les percepteurs surnuméraires et les percepteurs, est déterminée par le tableau n° 10 annexé à la présente loi.

ART. 75. — La limite d'âge des candidats exceptionnels, énumérés à l'art. 71, est fixée à 55 ans.

ART. 76. — Après 3 années au moins de services dans la même

classe, les percepteurs pourront être promus à la classe supérieure, soit sur place, soit par nomination à un autre poste.

Ils ne pourront obtenir plus de deux avancements successifs dans le même poste.

Par exception, les percepteurs, nommés avec la 3º classe dans les perceptions des villes, chefs-lieux d'arrondissement, où il n'y aura pas de succursale de la Banque de France, pourront lorsque ces villes ne seront pas rangées dans la 1ʳᵉ classe, au tableau nº 9, et dans les limites de temps indiquées ci-dessus, être promus, sur place, à la 2º et ensuite à la 1ʳᵉ classe, au traitement fixe de 8.000 francs.

ART. 77. — Un règlement d'administration publique déterminera :

1º Quels sont, parmi les candidats admissibles aux termes de l'art. 71 de la présente loi, ceux qui, à raison de leurs connaissances spéciales ou de circonstances particulières, sont dispensés d'examen.

2º Les matières que doivent comporter les examens d'admission, tant pour les percepteurs surnuméraires et les sous-officiers classés que pour les candidats des autres catégories qui y sont soumis.

ART. 78. — Lorsque le nombre des candidats admissibles dépassera celui des emplois vacants dans la classe à laquelle ils sont appelés, les nominations auront lieu dans l'ordre du classement fait par les commissions d'examen, suivant le mérite des candidats.

ART. 79. — Les nominations seront faites, ainsi que les avancements, savoir :

Par le Ministre des finances, sur la présentation du Directeur général des contributions directes, pour les perceptions de 1ʳᵉ et de 2º classe.

Par le Directeur général des contributions directes, pour les perceptions des autres classes et aussi pour les percepteurs surnuméraires.

En ce qui concerne le dixième des vacances annuelles, dans les perceptions de toutes les classes dont le choix est réservé au Gouvernement, les nominations sont faites directement par le Ministre des finances.

Les nominations et avancements seront publiés au *Journal officiel*, dans le délai de 15 jours.

Seront insérées au *Journal officiel* les listes, par ordre de mérite, des candidats reconnus admissibles aux divers examens.

ART. 80.— Il sera rendu compte, chaque année, dans le courant du mois de janvier, de la manière dont il aura été pourvu aux vacances annuelles dans les limites déterminées au tableau n° 10 de répartition des vacances annuelles des perceptions, dans un rapport adressé au Président de la République par le Ministre des finances ; ce rapport sera inséré au *Journal officiel*.

SECTION VIII.

Receveurs spéciaux des communes, des hospices et des bureaux de bienfaisance.

ART. 81. — Les receveurs spéciaux des communes, des hospices et des bureaux de bienfaisance sont placés, pour toutes leurs opérations, sous les ordres immédiats du directeur des contributions directes, qui sera appelé à donner son avis sur leur nomination.

Ils seront soumis à toutes les surveillances et vérifications qu'ordonnera ce chef de service, au même titre que les percepteurs des contributions directes.

SECTION IX.

Surnuméraires des contributions directes.

ART. 82. — Les surnuméraires des contributions directes sont divisés en deux catégories, les contrôleurs surnuméraires et les percepteurs surnuméraires.

Les uns et les autres sont astreints, pendant toute la durée de leur surnumérariat, à travailler dans les bureaux de la direction;

11

ils peuvent être chargés par le directeur de faire des intérims, de remplacer les agents empêchés de faire leur service, malades ou absents.

ART. 83. — Les contrôleurs surnuméraires, pourvus du diplôme de bachelier, subissent l'examen d'admission et les deux examens du surnumérariat dans les conditions actuelles; ils seront interrogés à ces examens sur les matières concernant le recouvrement de l'impôt.

Ils sont nommés par le Directeur général des contributions directes.

Cent surnuméraires de deuxième année reçoivent une indemnité annuelle de 600 fr. par abonnement.

ART. 84. — Les percepteurs surnuméraires ne sont pas astreints à produire le diplôme de bachelier; ils subissent l'examen d'admission dans un concours comme pour les contrôleurs surnuméraires.

Un règlement d'administration publique déterminera les matières que comportera l'examen d'admission et indiquera les membres qui composeront la commission chargée de le faire subir.

A l'expiration des deux ans, minimum du surnumérariat, ils subiront un examen devant une commission spéciale instituée par le Ministre des finances et ne pourront être appelés à des emplois de percepteurs que s'ils ont été déclarés admissibles à cet examen.

Dans la dernière année du surnumérariat, les deux cents plus anciens percepteurs surnuméraires recevront une indemnité annuelle de 600 fr. par abonnement.

ART. 85. — Les listes, par ordre de mérite, des candidats au surnumérariat pour le service de l'assiette et pour celui du recouvrement seront insérées au *Journal officiel*. Il en sera de même en ce qui concerne les examens du 2º degré des contrôleurs surnuméraires et l'examen, subi au bout des deux années de stage, des percepteurs surnuméraires.

Les nominations des uns et des autres seront insérées au *Journal officiel* dans le délai de quinze jours.

TITRE IV.

**REMBOURSEMENT DES CAUTIONNEMENTS ET DES COMPTES
COURANTS — RETRAITES — SERVICE
DES PENSIONS CIVILES — RADIATION DES CADRES.**

———

ART. 86. — Les cautionnements ou les excédents de cautionnements seront remboursés aux comptables ou à leurs ayants droit, sur la production des pièces exigées par les règlements.

Les comptes courants des trésoriers-payeurs généraux leur seront remboursés.

Les remboursements seront effectués en deux annuités égales, payables, l'une le 1er janvier de l'année pour laquelle la présente loi aura été promulguée, et l'autre le 1er janvier de l'année suivante.

ART. 87. — Pourront être mis à la retraite, à l'âge de 60 ans, sur leur demande et y seront mis d'office à l'âge de 65 ans, savoir :

Les payeurs centraux ;

Les payeurs adjoints ;

Les chefs de comptabilité, les caissiers et les employés rétribués par l'État, des payeurs centraux et des payeurs adjoints ;

Les directeurs des contributions directes ;

Les commis de direction des contributions directes ;

Les percepteurs des contributions directes.

Pourront être mis à la retraite, à l'âge de 55 ans, sur leur demande et y seront mis d'office à l'âge de 60 ans, les inspecteurs et les contrôleurs des contributions directes.

ART. 88. — Les retenues pour le service des pensions civiles seront opérées dans les conditions de la loi du 9 juin 1853 :

1° Sur le montant intégral du traitement fixe des payeurs centraux, des payeurs adjoints, des chefs de comptabilité, caissiers et employés rétribués par l'État, des payeurs centraux et des payeurs adjoints; des directeurs, inspecteurs, commis de direction et contrôleurs des contributions directes ;

2° Sur les 3/4 des traitements fixes des percepteurs des contributions directes.

ART. 89. — Tout contrôleur, commis de direction ou percepteur des contributions directes, tout chef de comptabilité, caissier ou employé rétribué par l'État, des payeurs centraux ou des payeurs adjoints, qui, jusqu'à l'âge de 30 ans, aura donné de graves sujets de mécontentement dans la manière de remplir ses obligations professionnelles, sera rayé des cadres par arrêté du Ministre des finances, rendu sur la proposition du Directeur général compétent.

Les sommes que cet agent aura versées à la caisse des retraites pour le service des pensions civiles lui seront remboursées, mais sans intérêts.

TITRE V.

DISPOSITIONS DIVERSES.

ART. 90. — A partir du 1ᵉʳ janvier 188 , il sera délivré par le directeur des contributions directes, moyennant 5 centimes pour frais d'impression et de remise, un avertissement pour chaque article de rôle, en ce qui concerne les rôles spéciaux d'impositions départementales et communales, pour frais de vérification des poids et mesures et des alcoomètres, pour droits de visite chez les pharmaciens et droguistes et pour frais de bourses et de chambres de commerce.

Il sera alloué au directeur pour frais d'impression et de confection de ces avertissements, 3 centimes par article. La dépense sera imputée sur le budget des dépenses sur ressources spéciales.

ART. 91. — A partir du 1ᵉʳ janvier 188 , les directeurs des contributions directes sont chargés de confectionner les rôles et les avertissements, savoir :

1º De toutes les taxes dont la perception est autorisée à l'état C annexé à la loi du 19 juillet 1886, relative aux contributions directes et aux taxes y assimilées de l'exercice 1887, § 2, budget des dépenses sur ressources spéciales, perceptions au profit des départements, des communes, des établissements publics et des communautés d'habitants dûment autorisées.

2º De toutes les cotisations municipales, non énumérées audit § 2 de l'état C, mais pouvant donner lieu à la formation de rôles nominatifs en vertu de l'art. 140 de la loi du 5 avril 1884 sur l'organisation municipale.

Il leur sera alloué, pour frais d'impression et de confection, 5 centimes par article de rôle et 5 centimes par avertissement. La dépense sera imputée sur le produit des taxes et mandatée par le préfet.

ART. 92. — En ce qui concerne l'assiette des taxes dont il a été parlé à l'article précédent et l'instruction des réclamations présentées, les directeurs des contributions directes interviendront, comme ils le font actuellement en matière de taxes assimilées non établies par les contrôleurs des contributions directes.

ART. 93. — Les traitements fixes à l'aide desquels les percepteurs des contributions directes sont rémunérés par les communes, les hospices et les bureaux de bienfaisance, en leur qualité de receveurs spéciaux de ces établissements, aux termes des art. 1 et 2 du décret du 27 juin 1876, seront calculés à nouveau, chaque année, d'après la moyenne des résultats *définitifs* des cinq années antérieures.

Le tableau nº 11, annexé à la présente loi, fait connaître comment ces traitements fixes seront établis pour l'année 1888 et les années suivantes. A partir du 1er janvier 188 , le produit de ces traitements fixes sera inscrit au budget des recettes de l'État à un chapitre particulier, sous la rubrique : *Remboursement des traitements fixes alloués aux percepteurs en leur qualité de receveurs des communes, des hospices et des bureaux de bienfaisance*, et versé dans la caisse de l'État, pour venir en déduction des traitements qu'il sert aux percepteurs.

ART. 94 (1). — A partir du 1er janvier 188 , le produit des centimes pour frais de perception imposés sur le montant des impositions communales (grossies du fonds de non-valeurs), comprises dans les rôles des quatre contributions directes, sera inscrit au budget des recettes de l'État sous la mention : *Remboursement des frais de perception sur le montant des impositions communales*, et versé dans la caisse de l'État, pour venir en déduction des traitements qu'il sert aux percepteurs.

ART. 95. — A partir du 1er janvier 188 , les départements contribueront aux traitements et émoluments de toute nature que l'État sert aux agents chargés d'assurer les services départemen-

(1) Voir la note au sujet des observations relatives à cet art. 94, titre V.

taux, en ce qui a trait à l'établissement des rôles des contributions directes, au recouvrement de ces rôles et des produits éventuels départementaux et à l'acquittement des dépenses départementales.

La quote-part contributive des départements sera obtenue en ajoutant au montant des impositions départementales (grossies du fonds de non-valeurs), comprises dans les rôles des quatre contributions directes, 4 centimes par franc, à titre de frais de perception, qui seront recouvrés avec elles.

Le produit des 4 centimes, imposés à titre de frais de perception, sera inscrit au budget des recettes de l'État sous la rubrique : *Restitution des frais de perception sur le montant des impositions départementales*, et versé dans la caisse de l'État pour venir en déduction des traitements qu'il sert aux agents de l'administration des contributions directes et notamment aux percepteurs.

ART. 96. — Un règlement d'administration publique, rendu dans l'année à partir de laquelle la présente loi devra recevoir son exécution, déterminera les différents cas qui n'auraient pas été prévus par la loi.

ART. 97. — Dans les six mois de la promulgation de la présente loi, un règlement d'administration publique établira les budgets des communes d'après un modèle uniforme et appliquera à la comptabilité communale les règles qui sont appliquées aujourd'hui à la comptabilité de l'État et à celle des départements, au point de vue de l'ordonnancement des crédits, de l'acquittement des dépenses et de leur justification, en conférant aux préfets, par rapport à l'ordonnancement des crédits pour dépenses communales, les attributions dévolues au Ministre des finances par rapport à l'ordonnancement des crédits pour dépenses de l'État et des départements.

TITRE VI.

VOIES ET MOYENS.

ART. 98. — Est approuvée la convention passée le
entre le Ministre des finances et le gouverneur du Crédit foncier de
France, au sujet du transfert à la Banque de France de toutes les
opérations de caisse et autres à effectuer pour le compte du Crédit
foncier de France.

ART. 99. — Est approuvée la convention passée le
entre le Ministre des finances et le préfet de la Seine, agissant au
nom de la Ville de Paris, au sujet du transfert à la Banque de
France de toutes les opérations de caisse et autres à effectuer pour
le compte de la Ville de Paris.

ART. 100. — Est approuvée la convention passée le
entre le Ministre des finances et le gouverneur de la Banque de
France relative, savoir :

1° A la fixation de l'avance permanente de 300 millions à faire
au Trésor par la Banque de France et aux conditions auxquelles
sera faite cette avance permanente (art. 2 et 3 de la convention);

2° A la fixation de l'avance provisoire de 161 millions faite par
la Banque de France et aux conditions dans lesquelles cette avance
sera faite au Trésor et remboursée par lui à la Banque (art. 3 de la
convention);

3° Aux opérations à effectuer gratuitement par la Banque de
France pour le compte de l'État, énumérées aux art. 5 et 6 de la
convention et aux art. 3 et 4 de la présente loi;

4° A la création par la Banque de France, dans le délai de cinq années, à dater de celle pour laquelle la présente loi aura été promulguée, de succursales ou de bureaux auxiliaires dans les villes d'une population de 15,000 âmes et au-dessus, dans les chefs-lieux d'arrondissement d'une population de 5,000 âmes et au-dessus où elle n'a pas de succursale, et dans toutes les villes chefs-lieux de département (art. 7 de la convention);

5° Au transfert à la Banque de France de toutes les opérations de caisse ou autres effectuées actuellement par les trésoriers-payeurs généraux, avec l'autorisation du Gouvernement, pour le compte du Crédit foncier de France et pour le compte de la Ville de Paris. (Art. 5 de la loi et art. 10 et 11 de la convention.)

Art. 101. — Le privilège conféré à la Banque de France par les lois des 24 germinal an XI (22 avril 1806), 30 juin 1840 et 9 mai 1857, dont la durée expirait le 31 décembre 1897, est prorogé de trente ans et ne prendra fin que le 31 décembre 1927. (Art. 8 de la convention.)

Art. 102. — Le chiffre des émissions des billets de la Banque de France et de ses succursales et bureaux auxiliaires, fixé au maximum de 3 milliards 500 millions par l'art. 8 de la loi du 30 janvier 1884, est élevé au chiffre maximum de 4 milliards. (Art. 9 de la convention.)

Art. 103. — Le Gouvernement se réserve le droit de dénoncer par une loi spéciale, à partir du 1ᵉʳ janvier 1898, la convention intervenue entre le Ministre des finances et le gouverneur de la Banque de France à la date du   , en ce qui a trait aux opérations à effectuer pour le compte du Crédit foncier de France et pour le compte de la Ville de Paris, sans indemnité de part et d'autre, et de reprendre à son compte ou de faire gérer, comme il le jugera le plus utile à ses intérêts, ses propres services et ceux du Crédit foncier de France et de la Ville de Paris. (Art. 12 de la convention.)

Art. 104. — Sera affecté au payement des annuités devant servir à rembourser à la Banque de France l'avance provisoire de 161 millions consentie par la convention du   et approuvée par l'art. 100 de la présente loi, le produit des centimes imposés, à titre de frais de perception, sur le montant des impositions départementales comprises dans les rôles des quatre contri-butions directes. (Art. 95 de la loi.)

ART. 105. — L'enregistrement des conventions annexées à la présente loi donnera lieu, pour chacune, à la perception du droit fixe de trois francs soixante-quinze centimes.

TITRE VII.

DISPOSITIONS TRANSITOIRES.

Art. 106. — Seront mis à la retraite immédiatement et d'office, les trésoriers-payeurs généraux qui ont atteint l'âge de 60 ans.

Pourront être admis à faire valoir leurs droits à une retraite proportionnelle, les trésoriers-payeurs généraux âgés de moins de 60 ans, qui ne voudront pas accepter le nouvel état des choses.

Les autres seront nommés à des emplois de payeurs centraux.

Art. 107. — Seront mis à la retraite immédiatement et d'office, les receveurs particuliers des finances qui ont atteint l'âge de 60 ans.

Pourront être admis à faire valoir leurs droits à une retraite proportionnelle, les receveurs particuliers des finances âgés de moins de 60 ans, qui ne voudront pas adopter le nouvel état des choses.

Les receveurs particuliers des finances qui voudront continuer à appartenir au Ministère des finances seront appelés à tous les emplois de payeurs centraux, laissés vacants par le départ des trésoriers-payeurs généraux, et à tous les emplois créés de payeurs adjoints. Ceux qui ne seront pas replacés recevront un traitement annuel de disponibilité de 3.000 fr. soumis à la retenue pour le service des pensions civiles, jusqu'au moment où ils seront pourvus d'un emploi.

Art. 108. — Pendant les cinq années qui suivront celle à dater de laquelle la présente loi recevra son exécution, il sera pourvu aux vacances annuelles des emplois de payeurs centraux, savoir :

1/3 réservé au choix du Gouvernement ;

2/3 réservés aux receveurs particuliers des finances mis en disponibilité.

Pendant les cinq années qui suivront celle pour laquelle la présente loi aura été promulguée, il sera réservé exceptionnellement aux receveurs particuliers des finances mis en disponibilité, la moitié des vacances annuelles dans les emplois de percepteurs de 1re, 2e et 3e classe.

ART. 109. — Les receveurs particuliers des finances qui voudront entrer dans l'administration des contributions directes, pourront, dans l'année à partir de laquelle la présente loi recevra son exécution, être nommés inspecteurs des contributions directes, après avoir subi avec succès un examen devant une commission spéciale instituée par le Ministre des finances. Il leur sera réservé cent des emplois, créés, d'inspecteur.

A la suite de cet examen, il sera dressé une liste par ordre de mérite, des candidats admissibles; les quarante premiers seront pourvus immédiatement d'emplois d'inspecteurs de 2e classe; les soixante suivants, d'emplois d'inspecteurs de 3e classe.

Cette liste sera insérée au *Journal officiel*, dès que les résultats des examens seront connus.

ART. 110. — Les fondés de pouvoirs des trésoriers-payeurs généraux actuels, et à leur défaut les fondés de pouvoirs des receveurs des finances qui voudront entrer dans l'administration des contributions directes, pourront être nommés, sur la présentation du directeur des contributions directes, à des emplois de commis de direction de 2e classe, s'ils ont de 25 à 30 ans; à des emplois de commis de direction de 1re classe, s'ils ont de 30 à 35 ans; à des emplois de commis principaux de 2e classe, s'ils ont de 35 à 40 ans. Il leur sera réservé quatre-vingt-six des emplois, créés, de commis de direction. Mais ils ne seront aptes à concourir plus tard pour le grade d'inspecteur des contributions directes, que si, dans les trois années de leur nomination, ils subissent avec succès un examen professionnel devant une commission spéciale instituée par le Ministre des finances.

ART. 111.— Il sera réservé, d'abord aux fondés de pouvoirs des trésoreries générales, ensuite aux caissiers des trésoreries générales et après aux fondés de pouvoirs et aux caissiers des recettes particulières des finances, savoir :

16 des emplois créés de chefs de comptàbilité des payeurs;

16 — de caissiers —

30 — d'employés —

Ce nombre sera augmenté en raison des vides qui pourraient se produire dans les cadres d'organisation, s'il ne se trouve pas un nombre suffisant de percepteurs qui veuillent accepter les emplois qui leur sont réservés de chefs de comptabilité, de caissiers et d'employés des payeurs.

ART. 112. — Seront mis à la retraite immédiatement et d'office les percepteurs qui ont atteint l'âge de 60 ans.

Pourront être admis à faire valoir leurs droits à une retraite proportionnelle, les percepteurs âgés de 50 à 60 ans.

Il sera réservé, dans la nouvelle organisation, aux percepteurs dont les emplois auront été supprimés, savoir :

90 des emplois créés de chefs de comptabilité des payeurs;

90 — de caissiers —

20 — d'employés —

Il leur sera réservé aussi 25 des emplois créés de commis de direction; ils pourront être nommés, sur la présentation du directeur des contributions directes, à des emplois de commis de 2e classe, s'ils ont de 25 à 30 ans; à des emplois de commis de direction de 1re classe, s'ils ont de 30 à 35 ans; à des emplois de commis principaux de 2e classe, s'ils ont de 35 à 40 ans. Mais ils ne seront aptes à concourir plus tard pour le grade d'inspecteur des contributions directes que si, dans les 3 années de leur nomination, ils subissent avec succès un examen professionnel devant une commission spéciale instituée par le Ministre des finances.

Il sera réservé à ceux dont les emplois auront été supprimés et qui n'auront pas été replacés immédiatement, la moitié des vacances annuelles des perceptions, sauf les emplois réservés aux sous-officiers et sauf la part réservée au choix du Gouvernement. Tant qu'ils ne seront pas replacés, ils recevront un traitement annuel de disponibilité soumis à la retenue pour le service des pensions civiles, de 2.000 fr. pour les percepteurs qui appartiendront à la 5e et à la 4e classe, de 3.000 fr. pour ceux appartenant à la 3e, à la 2e ou à la 1re classe.

TITRE VIII.

ABROGATIONS.

ART. 113. — Sont abrogées toutes les dispositions antérieures contraires à la présente loi.

TABLEAU

Des villes dans lesquelles il existe une succursale de la Banque de France ou un bureau auxiliaire et de celles dans lesquelles il y aurait lieu d'établir une succursale ou un bureau auxiliaire.

DÉPARTEMENTS.	VILLES OU IL EXISTE UNE SUCCURSALE OU UN BUREAU AUXILIAIRE.		VILLES dans lesquelles il y aurait lieu d'établir une succursale ou un bureau auxiliaire.	
	Chefs-lieux de départements.	Autres villes.	Villes au-dessus de 15.000 âmes.	Tous les chef-lieux de département et les villes chefs-lieux d'arr. de 5.000 âmes et au-dessus.
Ain.	Bourg.	»	»	
Aisne.	»	Saint-Quentin.	»	Laon........ »
				Chât.-Thierry 6.791
				Soissons...... 9.283
Allier.	Moulins.	Montluçon.*	»	Gannat...... 5.597
Alpes (Basses-).	Digne.	»	»	
Alpes (Hautes-).	Gap.	»	»	
Alpes-Maritimes.	Nice.	Cannes.*	»	Grasse........ 11.342
Ardèche.	»	Annonay.	»	Privas...... . »
Ardennes.	Mézières-Charleville.*	Sedan.	»	
Ariège.	Foix.	»	»	Pamiers...... 10.551
				Saint-Girons.. 5.137
Aube.	Troyes.	»	»	
Aude.	Carcassonne.	Narbonne.*	»	Castelnaudary 8.949
				Limoux...... 5.526
Aveyron.	Rodez.	Millau.*	»	St-Affrique... 7.878
				Villefranche.. 9.859
Bouches-du-Rh.	Marseille.	Aix.*	Arles.. 22.985	
Calvados.	Caen.	Lisieux.* Honfleur.*	»	Bayeux...... 7.910
				Falaise...... 7.083
				Vire.......... 6.963
Cantal.	Aurillac.	»	»	Saint-Flour .. 5.057
Charente.	Angoulême.	Cognac.*	»	
Charente-Infér.	La Rochelle.	Rochefort.*	»	Saintes 14.008
				St-J.-d'Angély 7.064
Cher.	Bourges.	»	»	Saint-Amand. 8.889
Corrèze.	Tulle.	Brive.*	»	
Corse.	»	Bastia.	Ajaccio 16.029	Sartène...... 5.677
Côte-d'Or.	Dijon.	Beaune.*	»	
Côtes-du-Nord.	Saint-Brieuc.	»	»	Dinan 8.027
				Guingamp.... 6.660
				Lannion 5.618
				Loudéac 5.870
Creuse.	»	Aubusson.	»	Guéret....... »
Dordogne.	Périgueux.	»	»	Bergerac..... 13.028
				Sarlat 9.980
Doubs.	Besançon.	»	»	Montbéliard.. 7.966
Drôme.	Valence.	Romans.*	»	Montélimar.. 11.617
Eure.	Évreux.	»	»	Bernay 7.285
				Louviers..... 10.533
				Les Audelys.. 5.397
				Pt-Audemer.. 5.994
Eure-et-Loir.	Chartres.	»	»	Châteaudun.. 6.920
				Dreux....... 7.657
				Nog.-le-Rotr.. 7.412

Tableau N° 1 (Suite).

DÉPARTEMENTS.	VILLES OU IL EXISTE UNE SUCCURSALE OU UN BUREAU AUXILIAIRE.		VILLES dans lesquelles il y aurait lieu d'établir une succursale ou un bureau auxiliaire.	
	Chefs-lieux de départements.	Autres villes.	Villes au-dessus de 15.000 âmes.	Tous les chefs-lieux de département et les villes chefs-lieux d'arr. de 5.000 âmes et au-dessus.
Finistère.	»	Brest. Morlaix.*	»	Quimper. .... » / Quimperlé.... 6.580
Gard.	Nîmes.	Alais.*	»	Uzès......... 5.293 / Le Vigan 5.208
Garonne (Haute-)	Toulouse.	»	»	St-Gaudens... 5.807
Gers.	Auch.	»	»	Condom...... 8.894 / Lectoure...... 5.460
Gironde.	Bordeaux.	Libourne.*	»	»
Hérault.	Montpellier.	Cette. Béziers.*	»	Lodève...... 9.459 / Saint-Pons.... 5.513
Ille-et-Vilaine.	Rennes.	Fougères.* St-Malo-St-Ser.*	»	Redon....... 6.228 / Vitré......... 8.898
Indre.	Châteauroux.	»	»	Issoudun.... 14.151 / Le Blanc..... 6.096 / La Châtre.... 5.148
Indre-et-Loire.	Tours.	»	»	Chinon...... 6.002
Isère.	Grenoble.	»	Vienne. 24.665	»
Jura.	Lons-le-Sauln.	Dôle.*	»	Saint-Claude. 7.854
Landes.	Mont-de-Mars.	»	»	Dax......... 9.579
Loir-et-Cher.	Blois.	»	»	Romorantin.. 7.826 / Vendôme..... 8.618
Loire.	Saint-Étienne.	Roanne.*	»	Montbrison .. 6.218
Loire (Haute-).	Le Puy.	»	»	Yssingeaux .. 8.131
Loire-Inférieure.	Nantes.	St-Nazaire.*	»	Châteaubriant 5.310
Loiret.	Orléans.	»	»	Gien........ 8.018 / Montargis.... 9.840
Lot.	Cahors.	»	»	Figeac...... 6.972
Lot-et-Garonne.	Agen.	»	»	Villeneuve... 13.087 / Marmande ... 9.280 / Nérac........ 7.884
Lozère.	Mende.	»	»	Marvejols.... 5.860
Maine-et-Loire.	Angers.	Cholet.*	»	Saumur...... 13.069
Manche.	Saint-Lô.	Cherbourg.*	»	Avranches ... 7.845 / Coutances.... 7.644 / Valognes..... 5.055
Marne.	»	Reims. Epernay.*	Châlons-s-M. 17.305	Vitry-le-Fr... 7.004
Marne (Haute-).	Chaumont.	»	»	Langres..... 8.117
Mayenne.	Laval.	»	»	Château-Gont. 7.032 / Mayenne.... 9.473
Meurthe-et-Mos.	Nancy.	»	»	Lunéville... 14.955 / Toul........ 7.640
Meuse.	Bar-le-Duc.	Verdun.*	»	»
Morbihan.	»	Lorient.	»	Ploërmel..... 5.411 / Pontivy...... 7.569 / Vannes....... »
Nièvre.	Nevers.	»	»	Clamecy..... 5.402 / Cosne........ 6.852
Nord.	Lille.	Cambrai. Douai. Dunkerque. Roubaix. Valenciennes. Maubeuge.*	»	Hazebrouck.. 10.172
Oise.	Beauvais.	Compiègne.*	»	Senlis........ 5.665
Orne.	»	Flers.	Alençon 15.119	Argentan.... 5.851
Pas-de-Calais.	Arras.	Boulogne -s-M. Calais-St-Pierre* Saint-Omer.*	»	Béthune..... 9.078
Puy-de-Dôme.	Clermont-Ferr.	»	Thiers. 15.144	Ambert...... 7.525 / Issoire....... 6.049 / Riom........ 9.266

DÉPARTEMENTS.	VILLES OU IL EXISTE UNE SUCCURSALE OU UN BUREAU AUXILIAIRE		VILLES dans lesquelles il y aurait lieu d'établir une succursale ou un bureau auxiliaire.	
	Chefs-lieux de département.	Autres villes.	Villes au-dessus de 15.000 âmes.	Tous les chefs-lieux de département et les villes chefs-lieux d'arr. de 5.000 âmes et au-dessus.
Pyrénées (Bas-).	Pau.*	Bayonne.	»	Oloron....... 8.898
Pyrénées (H^{tes}).	Tarbes.	»	»	Bagnèr.-do-B. 9.257
Pyrénées-Orient.	Perpignan.	»	»	
Rhin (Haut-), (terr. de Belfort).	Belfort.	»	»	
Rhône.	Lyon.	»	»	Villefranche.. 12.553
Saône (Haute-).	Vesoul.	Gray.*	»	
Saône-et-Loire.	Mâcon*.	Châlon-s-Saône.	»	Autun....... 12.262
Sarthe.	Le Mans.	»	»	La Flèche.... 8.862 / Mamers...... 5.052
Savoie.	Chambéry.	»	»	
Savoie (Haute-).	Annecy.	»	»	
Seine.	Paris.	Saint-Denis.*	»	
Seine-Inférieure.	Rouen.	Le Havre. Elbeuf-Caud.*	Dieppe. 20.826	Yvetot....... 8.355
Seine-et-Marne.	»	Meaux.	»	Melun....... » / Provins...... 6.765
Seine-et-Oise.	Versailles.	»	»	Corbeil...... 6.540 / Étampes..... 7.710 / Pontoise..... 6.398
Sèvres (Deux-).	Niort. .	»	»	Parthenay... 5.362
Somme.	Amiens.	»	Abbeville 18.065	»
Tarn.	»	Castres. Mazamet*.	Albi... 18.194	Gaillac....... 8.101 / Lavaur...... 6.544
Tarn-et-Garonne.	Montauban.	»	»	Castelsarrasin 8.757 / Moissac 8.990
Var.	»	Toulon.	»	Draguignan.. » / Brignoles.... 5.450
Vaucluse.	Avignon.	»	»	Apt .... 5.631 / Carpentras... 9.579 / Orange 9.559
Vendée.	La Roche-sur-Y.	»	»	Sables-d'Ol... 10.209 / Fonten.-le-C.. 7.715
Vienne.	Poitiers.	»	Châtellerault 17.748	»
Vienne (Haute-).	Limoges.	»	»	Saint-Yrieix.. 7.937
Vosges.	Épinal.	St-Dié*.	»	Mirecourt.... 5.002 / Remiremont.. 7.390
Yonne.	Auxerre.	Sens*.	»	Avallon...... 5.057 / Joigny....... 5.568 / Tonnerre 5.405
TOTAUX....	73 succursales, 3 bur. auxil. / 76	22 succursales, 35 bur. auxil. / 57	10 villes.	117 villes.
	Soit... 95 succursales, 38 bureaux auxiliaires. / 133		127 villes.	

Les villes marquées d'un astérisque sont celles où il existe des bureaux auxiliaires.

PAYEURS CENTRAUX.

TABLEAU

Faisant connaître les classes dans lesquelles sont rangés les départements.
La 1re classe est attachée à la résidence.

1re Classe. 15 DÉPARTEMENTS.	2e Classe. 20 DÉPARTEMENTS.	3e Classe. 25 DÉPARTEMENTS.	4e Classe. 26 DÉPARTEMENTS.
Aisne.	Charente-Inférieure.	Ain.	Allier.
*Bouches-du-Rhône.	Côte-d'Or.	Alpes-Maritimes.	Alpes (Basses-).
Calvados.	Dordogne.	Ardennes.	Alpes (Hautes-).
Garonne (Haute-).	Eure.	Aube.	Ardèche.
*Gironde.	Gard.	Aude.	Ariège.
Loire.	Hérault.	Charente.	Aveyron.
*Loire-Inférieure.	Ille-et-Vilaine.	Côtes-du-Nord.	Cantal.
Meurthe-et-Moselle.	Isère.	Doubs.	Cher.
*Nord.	Loiret.	Eure-et-Loir.	Corrèze.
Pas-de-Calais.	Maine-et-Loire.	Finistère.	Corse.
*Rhône.	Manche.	Indre-et-Loire.	Creuse.
*Seine.	Marne.	Lot-et-Garonne.	Drôme.
*Seine-Inférieure.	Marne (Haute-).	Meuse.	Gers.
*Seine-et-Oise.	Oise.	Morbihan.	Indre.
Somme.	Puy-de-Dôme.	Nièvre.	Jura.
	Saône (Haute-).	Orne.	Landes.
	Saône-et-Loire.	Pyrénées (Basses-).	Loir-et-Cher.
	Sarthe.	Savoie.	Loire (Haute-).
	Seine-et-Marne.	Savoie (Haute-).	Lot.
	Var.	Sèvres (Deux-).	Lozère.
		Vendée.	Mayenne.
		Vienne.	Pyrénées (Hautes-).
		Vienne (Haute-).	Pyrénées-Orientales.
		Vosges.	Tarn.
		Yonne.	Tarn-et-Garonne.
			Vaucluse.

NOTA.— Les départements de 1re classe marqués d'un * sont ceux où les frais de personnel, de matériel et de loyer de bureaux sont de 20,000 fr. Pour les autres départements de la même classe, ces frais ne sont que de 15,000 fr.

PAYEURS ADJOINTS.

TABLEAU

Indicatif des villes où il est établi des Payeurs adjoints.
La 1re classe est attachée à la résidence.

1re Classe.	2e Classe.
10 PAYEURS ADJOINTS.	10 PAYEURS ADJOINTS.
Boulogne-sur-Mer.	Aix.
Brest.	Bastia.
Cherbourg.	Bayonne.
Le Havre.	Belfort.
Lorient.	Béziers.
Meaux.	Douai.
Reims.	Dunkerque.
Rochefort.	Narbonne.
Saint-Quentin.	Valenciennes.
Toulon	Vienne.

Tableau N° 4.

Chefs de Comptabilité, Caissiers et Employés rétribués par l'État, des Payeurs centraux et des Payeurs adjoints.

Le nombre par classe des Chefs de Comptabilité et des Caissiers des Payeurs centraux est le même que celui des Payeurs centraux.

La 1re classe est attachée à la résidence.

En ce qui concerne les Payeurs adjoints, les Chefs de Comptabilité et les Caissiers sont répartis : 10 dans la 1re classe, 5 dans la 2e et 5 dans la 3e.

La 1re classe est attachée à la résidence.

TABLEAU

Indicatif du nombre des employés rétribués par l'État, attachés aux Payeurs centraux et aux Payeurs adjoints.

DÉPARTEMENTS.	NOMBRE des employés.	OBSERVATIONS.	DÉPARTEMENTS.	NOMBRE des employés.	OBSERVATIONS.
			Report.........	21	
Aisne.............	1		Maine-et-Loire......	1	
Alpes-Maritimes....	1		Manche...........	1	À Cherbourg.
Bouches-du-Rhône..	3		Marne............	1	
Calvados..........	1		Meurthe-et-Moselle.	1	
Charente-Inférieure.	2	1 à Rochefort.	Morbihan.........	1	À Lorient.
Côte-d'Or..........	1		Nord.............	4	
Dordogne..........	1		Oise..	1	
Eure..............	1		Pas-de-Calais......	1	
Finistère..........	1	À Brest.	Puy-de-Dôme......	1	
Gard..............	1		Rhône............	3	
Garonne (Haute-)...	1		Sarthe	1	
Gironde...........	2		Seine............	5	
Hérault...........	1		Seine-Inférieure....	3	1 au Havre.
Ille-et-Vilaine......	1		Seine-et-Marne.....	1	
Isère.............	1		Seine-et-Oise	2	
Loire	1		Somme...........	1	
Loire-Inférieure....	1		Var..............	1	À Toulon.
A reporter......	21		TOTAL.........	50	

ADMINISTRATION DES CONTRIBUTIONS DIRECTES.

TABLEAU

Faisant connaître les catégories dans lesquelles sont rangés les départements au point de vue des frais de personnel, de matériel et de loyer des bureaux, et le nombre des inspecteurs et des commis de direction attachés à chaque département.

NOTA. — La première classe des directeurs est attachée à la résidence dans les quinze départements de la 1re catégorie, et dans les dix départements marqués d'un °, de la 2e catégorie.

1re CATÉGORIE — 13 départements.	NOMBRE des Inspecteurs.	Commis.	2e CATÉGORIE — 20 départements.	NOMBRE des Inspecteurs.	Commis.	3e CATÉGORIE — 23 départements.	NOMBRE des Inspecteurs.	Commis.	4e CATÉGORIE — 26 départements.	NOMBRE des Inspecteurs.	Commis.
Aisne	4	4	°Charentte-Inf.	3	3	Ain	2	2	Allier	2	2
Bouches-du-Rhône	3	3	Côte-d'Or	3	3	Alpes-Maritimes	2	2	Alpes (Basses-)	2	2
Calvados	3	3	Dordogne	2	2	Ardennes	2	2	Alpes (Htes-)	2	2
Garonne (Haute-)	3	3	Eure	3	3	Aube	2	2	Ardèche	2	2
Gironde	5	5	Gard	3	3	Aude	2	2	Ariège	2	2
Loire	3	3	*Hérault	3	3	Charente	2	2	Aveyron	2	2
Loire-Infér.	3	3	*Ille-et-Vilaine	2	2	Côtes-du-Nord	2	2	Cantal	2	2
Meurthe-et-Moselle	3	3	*Isère	3	3	Doubs	2	2	Cher	2	2
Nord	6	6	Loiret	2	2	Eure-et-Loir	2	2	Corrèze	2	2
Pas-de-Calais	5	5	*Maine-et-Loire	3	3	Finistère	2	2	Corse	2	2
Rhône	4	4	Manche	3	3	Indre-et-Loire	2	2	Creuse	2	2
Seine	7	7	Marne	3	3	Lot-et-Garonne	2	2	Drôme	2	2
Seine-Infér.	5	5	*Marne (Hte-)	2	2	Meuse	2	2	Gers	2	2
Seine-et-Oise	5	5	*Oise	3	3	Morbihan	2	2	Indre	2	2
Somme	5	5	°Puy-de-Dôme	3	3	Nièvre	2	2	Jura	2	2
			Saône (Hte-)	3	3	Orne	2	2	Landes	2	2
			*Saône-et-Loire	2	3	Pyrénées (Basses-)	2	2	Loir-et-Cher	2	2
			Sarthe	2	2	Savoie	2	2	Loire (Hte-)	2	2
			*Seine-et-Marne	3	3	Savoie (Hte-)	2	2	Lot	2	2
			Var	2	2	Sèvres (Deux-)	2	2	Lozère	2	2
						Vendée	2	2	Mayenne	2	2
						Vienne	2	2	Pyrénées (H.-)	2	2
						Vienne (Haute-)	2	2	Pyrénées-Or.	2	2
						Vosges	2	2	Tarn	2	2
						Yonne	2	2	Tarn-et-Gar.	2	2
									Vaucluse	2	2
TOTAUX	64	64		54	54		50	50		52	52

TOTAL GÉNÉRAL : 220 inspecteurs et 220 commis de direction.

ADMINISTRATION DES CONTRIBUTIONS DIRECTES.

TABLEAU

Faisant connaître, pour les Percepteurs principaux, les catégories dans lesquelles sont rangés les départements au point de vue de l'indemnité de frais d'aide, de responsabilité et de loyer.

INDEMNITÉ de 6.000 fr.	INDEMNITÉ de 4.000 fr.	INDEMNITÉ de 3.000 fr.	INDEMNITÉ de 2.500 fr.	INDEMNITÉ de 2.000 fr.
1 département.	27 départements.	16 départements.	20 départements.	22 départements.
Seine.	Aisne.	Charente-Infér.	Ain.	Allier.
	Ardèche.	Côte-d'Or.	Alpes-Maritim.	Alpes (Basses-).
	Ardennes.	Dordogne.	Aube.	Alpes (Hautes-).
	Bouches-du-Rh.	Eure.	Aude.	Ariège.
	Calvados.	Gard.	Charente.	Aveyron.
	Corse.	Hérault.	Côtes-du-Nord.	Cantal.
	Creuse.	Ille-et-Vilaine.	Doubs.	Cher.
	Finistère.	Isère.	Eure-et-Loir.	Corrèze.
	Garonne (H**.).	Loiret.	Indre-et-Loire.	Drôme.
	Gironde.	Maine-et-Loire.	Lot-et-Garonne	Gers.
	Loire.	Manche.	Meuse.	Indre.
	Loire-Inférieure	Marne (Haute-).	Nièvre.	Jura.
	Marne.	Oise.	Savoie.	Landes.
	Meurthe-et-M.	Puy-de-Dôme.	Savoie (Haute-).	Loir-et-Cher.
	Morbihan.	Saône (Haute-).	Sèvres (Deux-).	Loire (Haute-).
	Nord.	Sarthe.	Vendée.	Lot.
	Orne.		Vienne.	Lozère.
	Pas-de-Calais.		Vienne (Haute-)	Mayenne.
	Pyrénées (Bas-).		Vosges.	Pyrénées (H**).
	Rhône.		Yonne.	Pyrénées-Orient.
	Saône-et-Loire.			Tarn-et-Garon.
	Seine-Inférieure			Vaucluse.
	Seine-et-Oise.			
	Seine-et-Marne.			
	Somme.			
	Tarn.			
	Var.			

ADMINISTRATION DES CONTRIBUTIONS DIRECTES.

TABLEAU

Des villes où le service de la perception est partagé entre plusieurs percepteurs auxquels est allouée une indemnité de frais de loyer.

DÉPARTEMENTS.	VILLES.	NOMBRE des PERCEPTEURS.
Alpes-Maritimes	Nice	2
Bouches-du-Rhône	Marseille	8
Finistère	Brest	2
Gard	Nîmes	2
Garonne (Haute-)	Toulouse	3
Gironde	Bordeaux	5
Hérault	Montpellier	2
Loire	Saint-Étienne	3
Loire-Inférieure	Nantes	3
Loiret	Orléans	2
Maine-et-Loire	Angers	2
Marne	Reims	2
Meurthe-et-Moselle	Nancy	2
Nord	Lille	4
Nord	Roubaix	2
Rhône	Lyon	8
Seine	Paris	37
Seine-Inférieure	Rouen	3
Seine-Inférieure	Le Havre	3
Somme	Amiens	2
Var	Toulon	2
Vienne (Haute-)	Limoges	2
TOTAUX	22	101

ADMINISTRATION DES CONTRIBUTIONS DIRECTES.

TABLEAU

Des villes, chefs-lieux d'arrondissement (où il n'existe pas de succursale de la Banque de France), aux percepteurs desquelles il est alloué une indemnité d'aide et de responsabilité, variant de 1.000 à 3.000 fr.

INDEMNITÉ de 1,000 fr.	INDEMNITÉ de 1,500 fr.	INDEMNITÉ de 2,000 fr.	INDEMNITÉ de 2,500 fr.	INDEMNITÉ de 3,000 fr.
8 villes.	81 villes.	89 villes (1).	30 villes.	21 villes.
Gex.	Nantua.	Belley.	Vervins.	Tournon.
	Château-Thierry	Trévoux.		
Barcelonnette.	Forcalquier.	Soissons.	La Palisse.	Dinan.
	Rethel.	Gannat.		
Castellane.	Rocroy.	Grasse.	Largentière.	Guingamp.
	Vouziers.	Pamiers.		
Sisteron.	Arcis-sur-Aube.	Saint-Girons.	Villefranche-de-Rouergue	Saint-Gaudens.
	Bar-sur-Aube.	Limoux.		
	Bar-sur-Seine	Espalion.	Saintes.	La Tour-du-Pin.
Briançon.	Nogent-sur-Seine	Arles.		
	Castelnaudary.	Bayeux.	Saint-Amand.	Vienne.
Embrun.	Saint-Affrique.	Vire.		
	Falaise.	Conflans.	Lannion.	Montbrison.
Puget-Théniers.	Pont-l'Évêque.	Jonzac.		
	Mauriac.	Saint-Jean-d'Angély.	Bergerac.	Mayenne.
Calvi.	Murat.	Sancerre.		
	Saint-Flour.	Ussel.	Sarlat.	Avesnes.
	Barbezieux.	Semur.		
	Ruffec.	Loudéac.	Châteaulin.	Domfront.
	Marennes.	Nontron.		
	Corté.	Ribérac.	Dax.	Béthune.
	Sartène.	Montbéliard.		
	Châtillon-s-Seine	Montélimar.	Yssingeaux.	Riom.
	Bourganeuf.	Bernay.		
	Boussac.	Louviers.	Marmande.	Villefranche.
	Baume-les-Dames	Pont-Audemer.		
	Pontarlier.	Châteaudun.	Saumur.	Lure.
	Die.	Dreux.		
	Nyons.	Uzès.	Avranches.	Autun.
	Les Andelys.	Muret.		
	Nogent-le-Rotrou	Mirande.	Coutances.	Charolles.
	Quimperlé.	Montfort.		
	Le Vigan.	Redon.	Langres.	Sceaux.
	Villefranche-de-Lauragais.	Vitré.		
	Condom.	La Châtre.	Lunéville.	Pontoise.
	Lectoure.	Chinon.		
	Lombez.	Loches.		
	Bazas.	Saint-Marcellin.		
	Blaye.	Poligny.		

(1) A la page 82, on a indiqué à tort 90 villes au lieu de 89. L'erreur est d'ailleurs peu importante

INDEMNITÉ de 1,000 fr.	INDEMNITÉ de 1,500 fr.	INDEMNITÉ de 2,000 fr.	INDEMNITÉ de 2,500 fr.	INDEMNITÉ de 3,000 fr.
8 villes.	81 villes.	89 villes.	30 villes.	21 villes.
	Lesparre.	Saint-Sever.		Abbeville.
	La Réole.	Vendôme.	Ploërmel.	
	Lodève.	Brioude.		Fontenay-le-Comte.
	Saint-Pons.	Châteaubriant.	Pontivy.	
	Le Blanc.	Montargis.		Les Sables-d'Olonne.
	Issoudun.	Figeac.	Hazebrouck.	
	Saint-Claude.	Gourdon.		
	Romorantin.	Villeneuve-s.-Lot.	Senlis.	
	Ancenis.	Baugé.		
	Paimbœuf.	Segré.	Mortagne.	
	Gien.	Mortain.		
	Pithiviers.	Valognes.	Issoire.	
	Nérac.	Vassy.		
	Florac.	Château-Gontier.	La Flèche.	
	Marvejols.	Briey.		
	Ste-Menehould.	Toul.	Mamers.	
	Vitry-le-François.	Commercy.		
	Montmédy.	Château-Chinon.	Dieppe.	
	Argelès.	Clamecy.		
	Céret.	Cosne.	Yvetot.	
	Prades.	Clermont.		
	Albertville.	Argentan.	Péronne.	
	Moutiers.	Montreuil.		
	St-Jean-de-Maurienne.	Saint-Pol.	Joigny.	
	Saint-Julien.	Ambert.		
	Coulommiers.	Thiers.		
	Provins.	Mauléon.		
	Étampes.	Oloron.		
	Mantes.	Orthez.		
	Doullens.	Bagnères-de-Big.		
	Lavaur.	Louhans.		
	Moissac.	Saint-Calais.		
	Brignoles.	Bonneville.		
	Apt.	Thonon.		
	Carpentras.	Neufchâtel.		
	Civray.	Fontainebleau.		
	Loudun.	Corbeil.		
	Rochechouart.	Rambouillet.		
	Saint-Yrieix.	Bressuire.		
	Neufchâteau.	Melle.		
	Avallon.	Parthenay.		
	Tonnerre.	Montdidier.		
		Gaillac.		
		Castelsarrasin.		
		Orange.		
		Châtellerault.		
		Montmorillon.		
		Bellac.		
		Mirecourt.		
		Remiremont.		

TABLEAU des perceptions, par classe et par département,

DÉPARTEMENTS.	ÉTAT DE CHOSES ACTUEL D'APRÈS LES REMISES ALLOUÉES EN 1834.							VILLES DANS LESQUELLES DEVRONT SE TROUVER DES PERCEPTEURS	
	CLASSES						Émoluments en 1834.	de 1re classe.	de 2e ou de 3e classe.
	5e.	4e.	3e.	2e.	1re.	TOTAL.			
Ain	»	8	16	32	6	62	345,254f	Bourg............. 1	Belley, Gex, Nantua, Trévoux.... 4
Aisne	»	9	26	61	8	104	603,916	Laon, St-Quentin, Soissons, Vervins. 4	Château – Thierry, Chauny........ 2
Allier........	»	10	22	16	4	52	256,410	Moulins, Montluçon 2	Gannat, Lapalisse, Commentry..... 3
Alpes (Basses-).	5	13	10	5	»	33	113,984	Digne............. 1	Barcelonnette, Castellane, Forcalquier, Sisteron... 4
Alpes (Hautes-)	3	11	11	4	»	29	111,759	Gap............. 1	Briançon, Embrun. 2
Alpes-Maritim⁶	3	8	8	5	4	28	135,962	Nice (2), Grasse.. 3	Puget – Théniers, Cannes........ 2
Ardèche......	1	6	18	15	1	41	199,093	Privas, Annonay, Tournon........ 3	Largentière....... 1
Ardennes......	»	15	25	26	5	71	343,384	Mézières, Sedan... 2	Rethel, Rocroy, Vouziers, Charleville........... 4
Ariège........	2	15	13	11	1	42	185,361	Foix............. 1	Pamiers, St-Girons. 2
Aube........	»	3	21	32	2	58	316,939	Troyes.......... 1	Arcis – sur – Aube, Bar – sur – Aube, Bar – sur – Seine, Nogent-sur-Seine 4
Aude........	8	19	26	11	3	67	279,261	Carcassonne, Narbonne.......... 2	Castelnaudary, Limoux........... 2
Aveyron......	2	18	26	12	1	59	240,750	Rodez............ 1	Espalion, Millau, St-Affrique, Villefranche......... 4
Bouches-du-Rhône	»	2	11	13	14	40	315,513	Marseille (6), Aix, Arles........... 10	Tarascon, la Ciotat. 2
Calvados	1	25	42	26	4	98	455,545	Caen, Bayeux, Lisieux 3	Falaise, Pont-l'Évêque, Vire, Honfleur........... 4
Cantal........	5	20	14	3	1	43	168,046	Aurillac 1	Mauriac, Murat, Saint-Flour..... 3
Charente......	1	21	31	11	2	66	286,896	Angoulême...... 1	Barbezieux, Cognac, Confolens, Ruffec 4
Charente-Infér.	1	14	38	26	5	84	405,032	La Rochelle, Rochefort.......... 2	Jonzac, Marennes, Saintes, St-Jean-d'Angély........ 4
Cher	»	10	12	17	4	43	232,924	Bourges, Saint-Amand 2	Sancerre......... 1
Corrèze........	3	25	8	4	»	40	140,848	Tulle............ 1	Brive, Ussel....... 2
Corse........	2	8	12	12	2	36	176,030	Ajaccio, Bastia.... 2	Calvi, Corté, Sartène........... 3
Côte-d'Or......	4	25	34	28	2	93	413,787	Dijon, Beaune..... 2	Châtillon-sur-Seine, Semur.......... 2
Côtes-du-Nord.	2	12	21	20	»	55	248,625	Saint-Brieuc....... 1	Dinan, Guingamp, Lannion, Loudéac............ 4
1ers TOTAUX.	43	297	415	390	69	1,244	5,964,666f	47	63

d'après la situation actuelle et d'après la nouvelle organisation.

7e à 2.500f	6e à 3.200f	5e à 4.000f	4e à 5.000f	3e à 6.000f	2e à 7.000f	1re à 8.000f	à 10.000f	à 12.000f	Hors classe Paris 16.000f	20.000f	TOTAL	Émoluments fixes
6	11	12	9	6	5	1	D	D	D	D	50	222.200
9	15	21	15	12	9	3	D	1	D	D	85	400.500
5	10	12	11	3	2	D	2	D	D	D	45	109.500
3	7	7	5	3	2	1	D	D	D	D	27	116.000
2	6	8	5	1	1	1	D	D	D	D	24	102.200
2	5	7	5	1	1	1	D	2	D	D	24	119.000
5	11	9	7	2	1	3	D	D	D	D	38	161.700
6	13	17	13	4	2	2	D	D	D	D	57	243.600
4	10	10	8	1	1	1	D	D	D	D	35	143.000
5	10	13	9	6	4	D	D	1	D	D	48	217.500
6	13	15	13	3	2	D	2	D	D	D	54	233.600
5	14	13	11	2	2	1	D	D	D	D	45	193.300
2	6	6	5	3	5	D	2	3	D	D	37	242.200
9	19	22	19	5	3	2	B	1	D	D	80	345.800
4	10	9	8	2	2	1	D	D	D	D	36	152.000
6	16	15	9	3	2	D	1	D	D	D	52	213.200
7	18	20	15	5	4	2	1	D	D	D	67	293.100
4	10	11	7	4	2	1	1	D	D	D	40	177.000
6	12	8	7	1	1	1	D	D	D	D	36	141.400
4	8	6	7	3	3	2	D	D	D	D	33	149.600
9	19	22	17	4	4	1	D	1	D	D	77	323.800
5	12	14	11	3	3	1	B	D	D	D	49	209.900
114	250	277	216	76	61	25	0	14	D	D	1.042	4.614.000

DÉPARTEMENTS.	ÉTAT DE CHOSES ACTUEL. D'APRÈS LES REMISES ALLOUÉES EN 1884.							VILLES DANS LESQUELLES DEVRONT SE TROUVER DES PERCEPTEURS	
	CLASSES						Émoluments en 1884.	de 1re classe.	de 2e ou de 3e classe.
	5e.	4e.	3e.	2e.	1re.	TOTAL.			
Creuse.........	6	15	11	5	D	37	134.550	Guéret, Aubusson.. 2	Bourganeuf, Boussac............ 3
Dordogne......	2	18	33	17	2	72	322.927	Périgueux 1	Bergerac, Nontron, Ribérac, Sarlat.. 4
Doubs.........	D	4	23	28	7	62	344.948	Besançon 1	Baume-les-Dames, Pontarlier...... 2
Drôme	D	10	19	15	4	48	246.272	Valence 1	Die, Montélimar, Nyons, Romans.. 4
Eure..........	2	26	35	22	2	87	386.916	Évreux, les Andelys 2	Bernay, Louviers, Pont-Audemer.. 3
Eure-et-Loir...	D	5	15	33	3	56	320.416	Chartres.......... 1	Châteaudun, Dreux, Nogent-le-Rotrou 3
Finistère	8	18	17	10	5	63	234.725	Quimper, Brest (2), Morlaix......... 4	Châteaulin, Quimperlé, Lambézellec........... 3
Gard..........	3	11	28	9	8	59	301.628	Nîmes (2), Alais ... 3	Uzès, le Vigan, Bessèges, la Grand-Combe......... 4
Garonne (Haute-)	D	17	20	23	4	72	359.229	Toulouse (3), Saint-Gaudens... 4	Muret, Villefranche 2
Gers..........	2	19	24	11	D	56	224.699	Auch............. 1	Condom, Lectoure, Lombez, Mirande 4
Gironde.......	D	13	24	37	15	89	562.222	Bordeaux (5), Libourne.......... 6	Bazas, Blaye, Lesparre, la Réole.. 6
Hérault	1	9	16	31	5	62	368.462	Montpellier(2),Cette, Béziers 4	Lodève, Saint-Pons. 3
Ille-et-Vilaine..	5	14	18	21	3	61	302.797	Rennes............ 1	Fougères, Montfort, Redon, St-Malo, Vitré, St-Servan. 0
Indre..........	1	8	11	21	1	42	204.129	Châteauroux 1	Le Blanc, la Châtre, Issoudun....... 3
Indre-et-Loire..	D	13	23	16	3	55	269.682	Tours 1	Chinon, Loches 2
Isère.........	1	3	18	36	14	72	464.664	Grenoble, Vienne.. 2	Saint-Marcellin, la Tour-du-Pin, Voiron......... 3
Jura..........	D	13	25	23	D	61	287.828	Lons-le-Saunier.... 1	Dôle, Poligny, St-Claude.......... 3
Landes........	1	12	11	13	D	37	163.821	Mont-de-Marsan.. 1	Dax, St-Sever..... 2
Loir-et-Cher...	D	9	14	20	3	46	234.087	Blois............. 1	Romorantin, Vendôme.......... 3
Loire.........	D	7	12	24	10	53	321.022	Saint-Étienne (3), Roanne........ 4	Montbrison, Firminy, Rive-de-Gier, St-Chamond 4
Loire (Haute-).	2	17	9	12	1	41	170.508	Le Puy........ .. 1	Brioude, Yssingeaux 2
Loire-Inférieure	D	5	13	23	8	49	305.576	Nantes (3), Saint-Nazaire......... 4	Ancenis, Châteaubriant, Paimbœuf.. 3
Loiret........	D	1	22	30	3	56	314.812	Orléans(2),Montargis............ 3	Gien, Pithiviers... 2
Lot..........	2	18	13	11	D	44	176.440	Cahors............ 1	Figeac, Gourdon. . 2
2mes TOTAUX..	36	280	463	490	101	1.370	7.021.269	51	71

CLASSES						1re			Hors classe Paris.		TOTAL.	Émoluments fixes.
7e à 2.500f	6e à 3.200f	5e à 4.000f	4e à 5.000f	5e à 6.000f	3e à 7.000f	à 8.000f	à 10.000f	à 12.000f	15.000f	20.000f		
4	8	9	7	1	1	2	»	»	»	»	82	135.600f
8	16	19	14	4	4	»	1	»	»	»	66	279.200
6	11	16	10	8	4	1	»	1	»	»	57	260.200
5	10	10	6	6	5	1	»	»	»	»	48	193.500
8	16	21	17	5	3	2	»	»	»	»	72	307.200
5	7	10	8	7	6	2	»	»	»	»	45	214.000
6	11	12	9	3	2	2	»	2	»	»	47	215.200
6	11	11	9	4	3	1	1	2	»	»	48	226.200
7	10	19	14	4	2	1	»	3	»	»	66	296.700
6	12	10	9	4	4	1	»	»	»	»	46	198.400
8	15	17	13	11	8	4	»	5	»	»	80	410.000
6	10	14	10	6	5	»	2	2	»	»	55	263.000
6	11	14	10	8	5	»	»	1	»	»	55	251.200
4	9	9	6	3	2	1	»	»	»	»	34	144.800
6	12	12	7	4	2	1	»	1	»	»	45	194.400
7	11	13	11	10	10	1	1	1	»	»	65	319.700
7	15	13	12	4	3	1	»	»	»	»	55	230.500
4	8	10	7	2	2	1	»	»	»	»	34	144.600
4	9	10	8	3	3	»	1	»	»	»	38	167.800
5	9	10	8	6	4	1	1	3	»	»	47	239.300
4	8	10	9	2	1	»	1	»	»	»	35	149.600
3	7	8	9	7	5	1	1	3	»	»	44	237.900
5	12	10	8	6	2	1	»	2	»	»	46	212.900
5	10	10	8	2	2	1	»	»	»	»	38	153.500
135	204	207	228	120	85	26	9	26	»	»	1.193	5.456.300f

DÉPARTEMENTS.	ÉTAT DE CHOSES ACTUEL D'APRÈS LES REMISES ALLOUÉES EN 1834.							VILLES DANS LESQUELLES DEVRONT SE TROUVER DES PERCEPTEURS		
	CLASSES						Émoluments en 1834.	de 1re classe.		de 2e ou de 3e classe.
	5e.	4e.	3e.	2e.	1re.	TOTAL.				
Lot-et-Garonne.	12	29	23	3	3	70	258.295	Agen............	1	Marmande, Nérac, Villeneuve-sur-Lot............ 3
Lozère.........	2	14	10	2	»	28	98.050	Mende.	1	Florac, Marvejols.. 2
Maine-et-Loire.	»	18	27	20	3	73	856.392	Angers (2), Saumur.	3	Baugé, Cholet, Segré........... »
Manche.......	2	52	40	16	3	93	888.097	St-Lô, Avranches, Cherbourg, Coutances.........	4	Mortain, Valognes, Granville....... 3
Marne........	»	3	28	44	6	81	466.739	Châlons-sur-Marne, Reims(2), Epernay	4	Sainte-Menehould, Vitry-le-François 2
Marne (Haute-)	1	11	31	17	1	61	277.791	Chaumont, Langres	2	Vassy, Saint-Dizier. 2
Mayenne......	1	19	25	7	2	54	226.523	Laval, Mayenne, Château-Gontier.	3	»
Meurthe-et-Mos.	»	6	19	35	5	65	867.737	Nancy(2), Briey, Lunéville.........	4	Toul, Pont-à-Mousson 2
Meuse.........	»	9	31	34	»	74	427.030	Bar-le-Duc, Verdunsur-Meuse......	2	Commercy, Montmédy.......... 2
Morbihan......	6	8	25	7	1	47	194.226	Vannes, Lorient. ..	2	Ploërmel, Pontivy, Plœmeur........ 3
Nièvre.........	»	5	9	25	7	46	274.076	Nevers............	1	Château-Chinon, Clamecy, Cosne.. 3
Nord.........	»	3	10	57	58	128	1.042.403	Lille (4), Cambrai, Douai, Dunkerque, Roubaix (2), Valenciennes, Avesnes, Tourcoing...........	12	Hazebrouck, Fourmies, Maubeuge, Bailleul, Armentières, Halluin, Watrelos, Denain, Saint-Amand.... 9
Oise..........	»	6	41	45	5	97	524.709	Beauvais,Clermont, Compiègne, Senlis	4	»
Orne..........	4	31	32	10	1	78	303.974	Alençon, Flers....	2	Argentan, Domfront, Mortagne. 3
Pas-de-Calais ..	»	11	40	44	14	109	617.559	Arras, Boulogne, Béthune,St-Omer	4	Montreuil, St-Pol, Calais, St-Pierrelès-Calais........ 4
Puy-de-Dôme..	2	27	34	16	3	82	862.330	Clermont.........	1	Ambert, Issoire, Riom, Thiers.... 4
Pyrénées (Bas-)	2	20	17	13	3	55	244.673	Pau, Bayonne.....	2	Mauléon, Oloron, Orthez........ 3
Pyrén. (Hautes-)	4	18	17	3	1	43	175.947	Tarbes....	1	Argelès, Bagnèresde-Bigorre..... 2
Pyrén.-Orient.	1	14	6	7	3	31	148.107	Perpignan	1	Céret, Prades. ... 2
Rhin (Haut-), territoire de Belfort......	»	1	1	6	3	11	79.829	Belfort.....	1	» »
Rhône	»	7	15	32	15	59	485.053	Lyon(3),Villefranche	2	Tarare.......... 1
Saône (Haute-)	»	14	26	23	4	67	529.876	Vesoul, Lure......	2	Gray........... 1
Saône-et-Loire.	»	18	33	31	4	86	425.086	Mâcon, Autun, Châlon-sur-Saône..	3	Charolles, Louhans, le Creuzot, Montceau-les-Mines.. 4
3mes TOTAUX..	37	514	340	501	145	1.537	8.020.102		69	58

7e à 2.500f	6e à 3.200f	5e à 4.000f	4e à 5.000f	3e à 6.000f	2e à 7.000f	1re à 8.000f	à 10.000f	à 12.000f	Hors classe Paris 16.000f	20.000f	TOTAL	Émoluments dits
7	15	18	11	2	2	1	D	D	D	D	56	226.500
3	6	6	6	1	1	1	D	D	D	D	24	101.700
6	14	16	11	5	3	1	D	2	D	D	58	261.800
10	21	19	17	2	2	3	1	D	D	D	75	313.200
7	13	20	12	8	3	1	1	2	D	D	67	310.100
6	14	13	10	3	2	2	D	D	D	D	50	209.800
5	12	10	10	2	1	2	1	D	D	D	43	185.900
6	12	15	11	6	4	2	D	2	D	D	58	272.400
7	16	16	11	5	3	D	2	D	D	D	60	258.700
5	10	11	9	3	2	1	1	D	D	D	42	183.500
5	7	9	9	6	3	1	1	D	D	P	41	190.900
6	9	16	21	20	10	4	4	7	D	D	115	675.800
7	14	26	21	5	3	4	D	D	D	D	80	354.800
7	15	19	10	3	2	2	D	D	D	D	64	269.600
10	24	24	18	10	6	3	2	1	D	D	98	445.800
8	16	19	17	5	3	D	D	1	D	D	69	295.200
6	13	13	10	3	3	D	2	D	D	D	49	214.400
5	10	13	8	1	1	D	1	D	D	D	39	159.500
3	6	7	5	3	2	D	1	D	D	D	27	121.700
1	1	2	3	2	1	1	D	D	D	D	10	50.700
4	9	11	8	7	5	1	D	8	D	D	53	303.800
6	16	15	10	4	2	2	D	D	D	D	55	230.200
8	16	18	16	6	5	2	1	D	D	D	73	327.200
138	288	336	268	123	78	34	18	23	D	D	1.300	5.002.000

Tableau N° 9 (Suite).

DÉPARTEMENTS.	ÉTAT DE CHOSES ACTUEL D'APRÈS LES REMISES ALLOUÉES EN 1884.							VILLES DANS LESQUELLES DEVRONT SE TROUVER DES PERCEPTEURS	
	CLASSES					TOTAL.	Émoluments en 1884.	de 1re classe.	de 2e ou de 3e classe.
	5e.	4e.	3e.	2e.	1re.				
Sarthe	7	21	25	17	4	74	322.909	Le Mans........... 1	La Flèche, Mamers, Saint-Calais..... 2
Savoie	1	6	18	17	1	43	215.770	Chambéry........... 1	Albertville, Moutiers, St-Jean-de-Maurienne........ 3
Savoie (Haute-)	»	3	11	18	3	35	103.781	Annecy........... 1	Bonneville, Saint-Julien, Thonon... 3
Seine { Paris	»	»	»	»	37	37	974.020	Paris........... 37	»
Seine { Banlieue	»	»	»	»	20	20	361.684	Toutes les résidences qui seront assignées.......... 19	»
Seine-Inférieure	»	30	40	32	17	119	654.649	Rouen (3), le Havre (3), Dieppe, Neufchâtel 8	Yvetot, Bolbec, Fécamp, Candebec-lès-Elbeuf, Elbeuf, Sotteville-lès-Rouen..... 6
Seine-et-Marne	»	»	3	59	11	73	486.447	Melun, Meaux, Fontainebleau, Provins.......... 4	Coulommiers...... 1
Seine-et-Oise	»	1	8	51	35	95	731.945	Versailles, Corbeil, Pontoise, Rambouillet........ 4	Étampes, Mantes, St-Germain-en-Laye, Argenteuil. 4
Sèvres (Deux-)	»	11	15	22	3	51	260.168	Niort........... 1	Bressuire, Melle, Parthenay....... 3
Somme	2	42	55	24	4	127	546.644	Amiens (2), Abbeville, Péronne... 4	Doullens, Montdidier........... 2
Tarn	2	22	20	8	1	53	213.664	Albi, Castres..... 2	Gaillac, Lavaur, Mazamet........ 3
Tarn-et-Garonne	1	11	13	11	2	38	175.400	Montauban....... 1	Castelsarrasin, Moissac........ 2
Var	2	13	16	8	3	42	193.576	Draguignan, Toulon (2).......... 3	Brignoles, Hyères, la Seyne...... 3
Vaucluse	»	6	10	13	5	34	184.411	Avignon.......... 1	Apt, Carpentras, Orange........ 3
Vendée	5	25	20	14	1	65	260.455	La Roche-sur-Yon. 1	Fontenay-le-Comte, les Sables-d'Olonne.......... 2
Vienne	1	12	19	16	1	49	225.184	Poitiers.......... 1	Châtellerault, Civray, Loudun, Montmorillon... 4
Vienne (Haute-)	3	11	13	8	2	37	165.563	Limoges (2)....... 2	Bellac, Rochechouart, Saint-Yrieix....... 3
Vosges	»	4	22	30	4	66	358.869	Épinal........... 1	Mirecourt, Neufchâteau, Remiremont, St-Dié. 4
Yonne	»	4	27	30	5	72	399.372	Auxerre, Joigny... 2	Avallon, Sens, Tonnerre.......... 3
4mes. TOTAUX.	24	222	335	390	159	1.130	6.036.481		94	59
1ers TOTAUX..	43	297	445	390	69	1.244	5.964.609	47	63
2mes TOTAUX..	36	280	469	490	101	1.370	7.021.269	51	71
3mes TOTAUX..	37	314	540	501	145	1.537	8.920.102	69	58
4mes TOTAUX..	24	222	335	390	159	1.130	6.036.481	94	59
TOTAUX.....	140	1.113	1.783	1.771	474	5.281	27.942.581	261	244

RÉCAPI-

7e à 2.500f	6e à 3.200f	5e à 4.000f	4e à 5.000f	3e à 6.000f	2e à 7.000f	1re à 8.000f	1re à10.000f	1re à12.000f	Hors classe Paris à15.000f	Hors classe Paris à20.000f	TOTAL.	Emoluments fixes.
7	16	15	12	4	3	1	D	1	D	D	59	283.700
4	8	10	6	5	3	1	D	D	D	D	37	164.600
4	7	8	5	4	3	1	D	D	D	D	32	142.400
D	D	D	D	D	D	D	D	D	14	23	37	684.000
D	D	D	D	D	D	D	7	12	D	D	19	214.000
6	17	28	21	8	10	3	1	6	D	D	100	510.400
6	6	15	10	12	4	6	D	0	D	D	59	292.200
5	6	12	15	17	15	6	8	1	D	D	80	451.700
5	10	11	8	5	3	D	1	D	D	D	43	189.500
10	24	31	28	4	4	2	D	2	D	D	105	457.800
5	12	12	9	2	2	2	D	D	D	D	44	185.900
4	8	8	7	2	2	1	D	D	D	D	32	136.600
4	9	10	6	3	2	1	D	2	D	D	37	172.800
3	4	8	6	3	3	D	1	3	D	D	28	131.300
6	15	18	12	2	1	1	D	D	D	D	55	222.000
5	8	11	8	4	3	D	1	D	D	D	40	177.100
4	10	8	6	2	2	D	D	2	D	D	34	154.000
7	13	16	12	6	5	1	D	D	D	D	60	262.100
6	14	16	11	7	4	3	D	D	D	D	60	264.800
91	187	237	182	90	60	28	14	26	14	23	961	5.066.900

TULATION.

7e à 2.500f	6e à 3.200f	5e à 4.000f	4e à 5.000f	3e à 6.000f	2e à 7.000f	1re à 8.000f	1re à10.000f	1re à12.000f	Hors classe Paris à15.000f	Hors classe Paris à20.000f	TOTAL.	Emoluments fixes.
114	250	277	216	76	61	25	9	14	D	D	1.042	4.614.000
185	264	297	228	120	88	26	9	26	D	D	1.193	5.456.800
138	288	336	268	123	78	34	18	23	D	D	1.806	5.962.600
91	187	237	182	90	69	28	14	26	14	23	961	5.066.900
478	989	1.147	894	409	296	113	50	89	14	23	4.003	21.099.849

DÉSIGNATIONS.	7e CLASSE à 2.500f	6e CLASSE à 3.205f	5e CLASSE à 4.030f	4e CLASSE à 5.605f	3e CLASSE à 8.080f
I. — Administration centrale des finances. Chefs de bureau	D	D	D	D	D
Sous-chefs de bureau	D	D	D	D	7
Commis principaux	D	D	D	7	D
Directeurs	D	D	5	D	D
Inspecteurs	D	D	D	D	D
II. — Administration des contributions directes. Contrôleurs principaux hors classe et contrôleurs principaux de Paris	D	D	D	D	D
Contrôleurs principaux, commis principaux	D	D	D	10	15
Contrôleurs hors classe, commis de direction et contrôleurs de 1re classe	D	D	10	D	D
Employés des directions des contributions directes, rétribués par le Directeur sur son fonds d'abonnement	10	10	D	D	D
III. — Trésoriers-payeurs et trésoriers particuliers des colonies et agents des trésoriers d'Afrique et de Cochinchine, commissionnés à la suite d'un concours	D	D	D	D	2
IV. — Chefs de comptabilité et caissiers des payeurs centraux et des payeurs adjoints	D	D	D	10	10
V. — 1° Officiers de tout grade réformés définitivement ou retraités prématurément par suite de blessures graves reçues dans un service commandé. 2° Officiers de sapeurs-pompiers grièvement blessés dans l'exercice de leurs fonctions	D	D	D	5	5
VI. — Maires, adjoints et fonctionnaires civils qui auront reçu une blessure grave dans l'exercice de leurs fonctions en accomplissant un acte de courage ou de dévouement	D	D	D	2	2
VII. — Receveurs municipaux	D	D	D	2	2
VIII. — Chefs de division de préfecture et greffiers des conseils de préfecture, chefs de bureaux de préfecture et secrétaires en chef des sous-préfectures	D	D	10	4	6
IX. — Sous-officiers classés conformément aux lois des 24 juillet 1873 et 23 juillet 1881	80	80	D	D	D
X. — Militaires et marins, jusqu'au grade de sous-officier exclusivement, réformés à titre définitif ou retraités prématurément par suite de blessures graves reçues dans un service commandé	8	8	D	D	D
XI. — Au choix du Gouvernement	10	10	10	10	10
XII. — Surnuméraires percepteurs	47	D	D	D	D
XIII. — Avancement hiérarchique	D	47	70	50	41

candidats exceptionnels, les percepteurs surnuméraires et les percepteurs.

2e CLASSE à 7.000f	1re CLASSE			PARIS		OBSERVATIONS.
	à 8.000f	à 10.000f	à 12.000f	à 15.000f	à 20.000f	
»	»	10	10	10	10	
7	»	K	»	9	»	
»	»	»	»	»	»	
»	»	»	20	20	20	
»	30	»	»	»	»	
20	»	»	»	»	»	Par application des dispositions transitoires des art. 107 et 112 de la loi, les receveurs particuliers des finances et les percepteurs dont les emplois auront été supprimés, seront replacés, au fur et à mesure des vacances annuelles, sauf la part réservée aux sous-officiers (80 p. 100 des 7e et 6e classes) et la part réservée au choix du Gouvernement (10 p. 100 de toutes les vacances), savoir :
»	»	»	»	»	B	
»	»	»	»	»	»	Receveurs des finances, moitié des perceptions des 1re, 2e et 3e classes.
»	»	»	»	»	»	Percepteurs, moitié des perceptions des 1re, 2e et 3e classes et le surplus des perceptions des 4e, 5e, 6e et 7e classes.
2	2	2	2	»	»	
»	»	»	»	»	»	
»	»	»	»	»	»	
»	»	»	»	»	»	
»	»	»	»	»	»	
2	»	»	»	»	»	
»	»	»	»	»	»	
»	»	»	»	»	»	
10	10	10	10	10	10	
»	»	»	»	»	»	
59	58	78	58	60	60	

COMMUNE

FIXATION DU TRAITEMENT FIXE,

Pour l'année 1888,

Par l'application du tarif doublé de l'ordonnance du 17 avril 1839 sur le montant des recettes ordinaires des 5 années, 1882 à 1886.

à ⁓⁓⁓⁓⁓⁓⁓

INDICATION DES TRANCHES fixées par l'ordonnance du 17 avril 1839.	TARIF doublé de l'ordonnance de 1839.	DÉCOMPOSITION des recettes ordinaires entre les tranches fixées par l'ordonnance de 1839 pour les années					TRAITEMENT FIXE résultant de l'application du tarif doublé de l'ordonnance de 1839, aux recettes ordinaires décomposées en tranches, pour les années					OBSERVATIONS.
		1882	1883	1884	1885	1886	1882	1883	1884	1885	1886	
Premiers 5,000 fr..	4° »											
25,000 fr. suivants.	3 »											
70,000 fr. suivants.	1 50											
100,000 fr. suivants, jusqu'à 1 million.	0 66											
Au-dessus de 1 million..........	0 24											
TOTAUX.....												
Réunion des traitements fixes des années 1882 à 1886.......................												
MONTANT du traitement fixe pour 1888 (Moyenne des 5 années, 1882 à 1886)..												

Typ. Oberthür, Rennes—Paris (1882-87).

www.ingramcontent.com/pod-product-compliance
Lightning Source LLC
Chambersburg PA
CBHW072308210326
41519CB00057B/3079